Marketing en X (Twitter).

Marketing a través de las principales Redes Sociales

Héctor Mendal Escario

Eva Díaz San Emeterio

ic editorial

Marketing en X (Twitter). Marketing a través de las principales Redes Sociales
© Héctor Mendal Escario
© Eva Díaz San Emeterio

1ª Edición

© IC Editorial, 2024

Editado por: IC Editorial
c/ Cueva de Viera, 2, Local 3
Centro Negocios CADI
29200 Antequera (Málaga)
Teléfono: 952 70 60 04
Fax: 952 84 55 03
Correo electrónico: iceditorial@iceditorial.com
Internet: www.iceditorial.com

ISBN: 978-84-1184-331-7
Depósito Legal: MA-1998-2024

Impresión: PODiPrint
Impreso en Andalucía – España

Nota de la editorial: IC Editorial pertenece a Innovación y Cualificación S. L.

Índice

OBJETIVOS GENERALES

Los objetivos generales del título **Marketing en X** son:

- Utilizar X para conseguir mejores resultados en el ámbito empresarial, mediante el *marketing* en esta red social.
- Utilizar aplicaciones de gestión y análisis de X para mejorar tus resultados en esta red social.
- Identificar a la comunidad de posibles clientes en X, para interactuar de modo correcto con la misma.
- Diseñar una estrategia de contenidos adecuada para el éxito de una cuenta empresarial en X.
- Diseñar una estrategia de *marketing* en X.
- Realizar acciones complementarias para que la estrategia de *marketing* en X de una empresa tenga éxito.
- Implementar técnicas de análisis de rendimiento del *marketing* en X, con el objetivo de analizar el retorno de la inversión.

Conoce mejor cómo funciona X

Contenido

1. Introducción
2. Introducción a *X* en el ámbito empresarial
3. *X* te ayuda a impulsar tu negocio
4. Casos de éxito
5. Resumen

Objetivos

Los objetivos específicos de esta Unidad de Aprendizaje son:

→ Crear una cuenta en *X* adecuada para el ámbito empresarial.

→ Configurar correctamente una cuenta de *X*.

→ Localizar usuarios de *X* pertenecientes a un sector empresarial concreto.

→ Publicar un *post*.

1. Introducción

X es, junto a *Facebook* e *Instagram,* una de las **redes sociales más utilizada en España**. A nivel global tiene algo más de 556 millones de usuarios activos cada mes. Diariamente, los usuarios lanzan más de 750 millones de *posts*.

En definitiva, se trata de un **mercado muy potente para la gran mayoría de las empresas,** independientemente de su tamaño, sector y volumen de ventas.

En esta unidad se verá cómo puede ser útil *X* para las empresas, cómo comenzar a utilizarlo y se darán algunos consejos para hacerlo adecuadamente. También se mostrarán algunos casos de éxito que pueden servir de ejemplo para el propio desempeño.

Para ello, nos basaremos en el caso de Luis, que tiene una pequeña empresa dedicada a la venta, instalación y reparación de puertas y cerraduras, llamada Puertas Luis.

2. Introducción a *X* en el ámbito empresarial

☞ HILO CONDUCTOR

Luis tiene una pequeña empresa dedicada a la venta, instalación y reparación de puertas y cerraduras, llamada Puertas Luis.

Se trata de una empresa de las de toda la vida, pero Luis ha decidido dar el salto a las redes sociales porque quiere expandir su negocio y que su marca sea más conocida en su provincia. Por ello, está analizando diferentes redes sociales, para decidir cuál o cuáles se ajustan más a sus necesidades.

- -

X es una de las **redes sociales más utilizadas.** Se trata de un mercado muy potente para la gran mayoría de las empresas, independientemente de su tamaño, sector y volumen de ventas.

 **PARA SABER MÁS**

En el siguiente enlace puedes obtener información sobre las últimas estadísticas de *X:*

https://redirectoronline.com/marketingtwitter0100

Seguramente te preguntarás, **¿qué es *X*?**

Básicamente, *X* es un **lugar donde los usuarios expresan su opinión y buscan información** sobre las cosas que les apasionan, siendo utilizado también para cubrir necesidades como, por ejemplo, comprar bienes y servicios. Los usuarios de *X* utilizan esta red social para descubrir cosas nuevas y, por ello, suelen estar abiertos a interactuar con empresas y marcas comerciales.

Las pequeñas y medianas empresas pueden utilizar *X* con las siguientes finalidades:

| Venta | Atención al cliente | Comunicación corporativa |

Utilizando *X* como un **canal de venta,** de **atención al cliente y de comunicación corporativa,** las empresas podrán **impulsar su imagen de marca** en internet y, también, **mejorar sus ventas** y en consecuencia, su cuenta de resultados.

El principal uso que una empresa puede hacer de *X* es **ampliar su alcance y su relevancia** en el sector al que se dedique, conectar con sus clientes actuales y ofrecerles un servicio y un trato más cercano, además de buscar nuevos clientes.

X es como un gran supermercado, en el que tienes que conseguir que tu producto destaque sobre los demás si quieres que acabe en el carro de la compra del usuario final.

IMPORTANTE

X va a permitir que tu empresa comunique mejor y, en consecuencia, tenga más ventas y un mayor impacto en el mercado.

Para poder conseguir todos esos objetivos, *X* permite compartir noticias desde una página web o blog, subir vídeos, fotografías, compartir archivos de interés para tus seguidores e incluso lanzar campañas de *marketing* digital de pago mediante su plataforma *X Ads*.

3. X te ayuda a impulsar tu negocio

HILO CONDUCTOR

Tras estar analizando diferentes redes sociales, Luis ha decidido abrir una cuenta en *X*, red social de la que apenas tiene conocimientos.

¿Cómo puede *X* ayudar a impulsar el negocio de Puertas Luis? ¿Habrá tomado una buena decisión eligiendo esta red social?

X puede ayudar a impulsar el negocio de puertas de Luis y el de cualquier otra empresa, dando más visibilidad a la misma.

Para ello, hay que ser capaz de expresar lo que se quiere contar en **280 caracteres.**

 ## PARA SABER MÁS

Accede al siguiente enlace en el que podrás consultar un artículo en el que se informa acerca del próximo cambio que se espera que implemente *X* aumentado el número de caracteres de las publicaciones hasta 4.000.

https://redirectoronline.com/marketingtwitter0101

 ## ACTIVIDAD COMPLEMENTARIA

1. ¿Qué te parece que *X* vaya a permitir hasta 4.000 caracteres? Reflexiona sobre esta cuestión con el fin de reunir argumentos a favor y en contra de dicha acción.

3.1. Comienza en *X* con buen pie

Para empezar a generar más ventas para tu negocio utilizando *X*, debes seguir estos **pasos:**

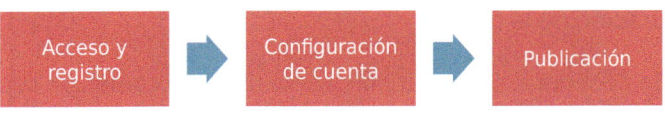

Acceso y registro

Entra en la página web <https://X.com/>.

Pulsa el botón **Regístrate** que aparece en la parte inferior de la ventana en la que puedes iniciar sesión en *X* o registrarte si no tienes cuenta.

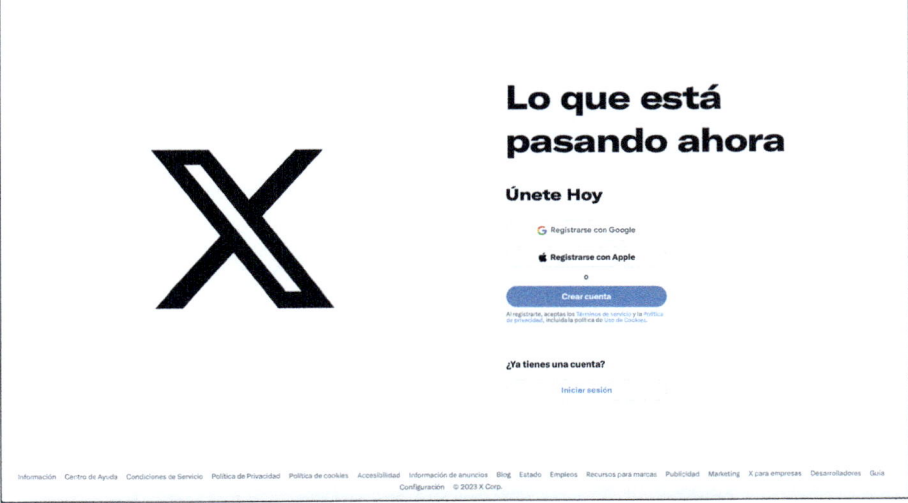

Registro en X

Completa los **datos del formulario:** nombre, teléfono o correo electrónico, contraseña.

Configuración de la cuenta

Para configurar correctamente la cuenta y no comenzar con mal pie en *X* sigue estos **consejos:**

Nombre de usuario
- Es fundamental que el nombre de tu cuenta de usuario sea fácil de recordar por parte de tus seguidores o clientes.
- Evita los símbolos de puntuación en la medida de lo posible.
- Es mejor que el nombre de la cuenta sea corto, sin superar a ser posible los 10 caracteres.

Imagen de la cuenta de tu empresa
- También es muy importante que personalices la cuenta de tu empresa:
    - Utiliza imágenes para el fondo de perfil con un toque de *marketing* corporativo.
    - Pon el logotipo de tu empresa como foto de perfil.

Consejo: si no sabes hacer montajes fotográficos, encárgaselo a algún diseñador gráfico. Si no tienes un logotipo, es hora de crearlo.

Descripción del perfil de tu empresa
- Respecto a la descripción del perfil de tu empresa:
    - Debe ser claro y conciso.
    - Debe contener la página web de tu empresa.

Consejo: si no tienes página web, debes crearla ya. Si no tienes conocimientos para ello, encárgasela a un profesional.

 EJEMPLO

En el caso de Puertas Luis, es recomendable que el nombre de usuario sea @PuertasLuis, mejor que @Puertas_Luis o @PuertasLuis2, por ejemplo.

Para la descripción, puede incluir la siguiente: "Nos dedicamos a la venta, reparación e instalación de puertas y cerraduras en toda España. <http://www.puertasluis.es>".

Publicación

Ahora que ya eres usuario de *X* vas a **escribir tu primer** *post*.

DEFINICIÓN

Post

Mensaje escrito en la red social *X* que tiene como máximo una longitud de 280 caracteres. En él puedes incluir vídeos, imágenes y enlaces a sitios web.

Para ello, en la parte inferior de la columna izquierda se encuentra el botón **Postear.** Al pulsarlo se abrirá una ventana emergente donde se encuentra la caja de texto en la que debes insertar el mensaje que quieres publicar. En la parte inferior derecha de esta caja de texto dispones de un indicador circular que te informa de la cantidad de caracteres que te quedan libres para seguir escribiendo.

¿Y qué pasa si te equivocas?

Si te has equivocado, **puedes borrar el mensaje** desde tu perfil de *X,* haciendo clic en la flecha que aparece en la parte superior derecha del mensaje en cuestión:

*Opción de **Eliminar** un post ya publicado*

X, al igual que *Facebook,* es divertido y útil si sigues a otros usuarios. Para ello tendrás que buscar sus nombres en la caja de la parte superior de la pantalla **Buscar en X.**

Ahí escribirás el **nombre del usuario al que quieres encontrar.** Una vez localizado, pulsa **Seguir.**

Caja de texto Buscar en *X*	Búsqueda de usuarios en *X*

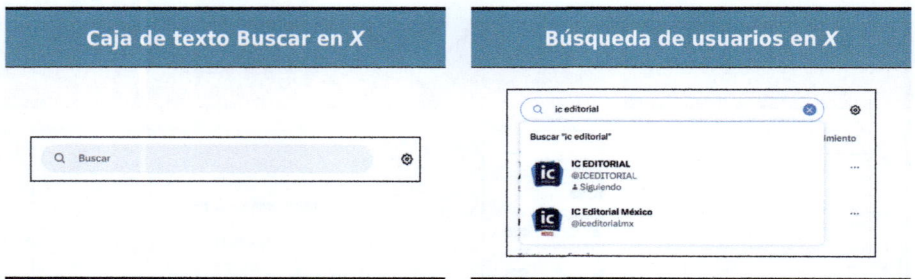

Un modo rápido y eficaz de compartir información es **repostear** los mensajes que te interesen para que, de este modo, lleguen a las personas que te siguen. Esto se hace haciendo clic en el icono destacado en verde de la siguiente imagen, disponible en todos los *posts* que se comparten en *X:*

Post reposteado por un usuario de X

¡Perfecto! Ya sabes lo necesario para comenzar a utilizar *X*.

 **TAREA 1**

Durante el desarrollo del curso, vas a poner en marcha una cuenta de *X* para promocionar tu negocio. A través del *marketing* en esta red social tendrás que conseguir mejores resultados para tu empresa.

Para ello, en primer lugar deberás:

- Crear una cuenta de *X* para tu empresa.
- Configurar la cuenta de *X* creada para tu empresa.
- Buscar y comenzar a seguir a 50 usuarios de *X* que tengan relación con el sector empresarial de tu negocio.

4. Casos de éxito

☞ **HILO CONDUCTOR**

Puertas Luis, como muchas pequeñas y medianas empresas, está comenzando de la nada en X. Sabe que muchas de estas empresas han conseguido una gran notoriedad gracias a su éxito en esta red social, pero también que en otras ocasiones, ni representar a una gran marca o a una multinacional es sinónimo de éxito en X.

Todas las pequeñas y medianas empresas, como la tuya y como la de Luis, han comenzado de la nada en X. Muchas de ellas se han quedado estancadas en la inmensidad del océano de cuentas de empresa que es X, pero algunas de ellas han conseguido un gran éxito.

Para alcanzar ese éxito en X hacen falta varios **factores,** entre ellos:

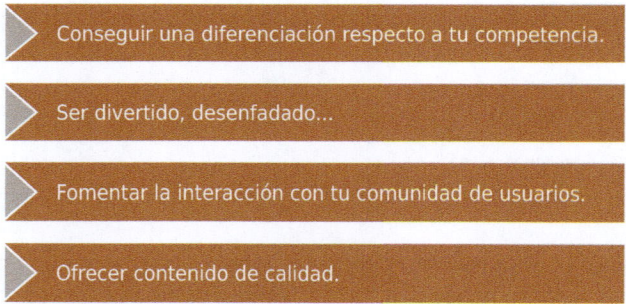

Conseguir una diferenciación respecto a tu competencia.

Ser divertido, desenfadado...

Fomentar la interacción con tu comunidad de usuarios.

Ofrecer contenido de calidad.

Esto no es fácil, pero en este curso vamos a tratar de ayudarte a que lo consigas.

A continuación vas a ver varios **ejemplos de empresas y organizaciones que tienen éxito** en X, no solo por lo que venden, sino (y fundamentalmente) por cómo lo venden.

4.1. Humphry Slocombe

Se trata de una **pequeña heladería de la ciudad de San Francisco** (Estados Unidos) que tiene nada más y nada menos que 220.000 seguidores en *X*.

Se hizo famosa en *X* a comienzos de la presente década, cuando comenzó a diferenciarse de sus competidores huyendo de la típica imagen "para niños" que tienen la inmensa mayoría de las heladerías.

Cuenta de X de Humphry Slocombe

¿Cuáles son las claves de este éxito?

A continuación, puedes ver algunas de las claves que han hecho que Humphry Slocombe sea tan famosa en *X*, a pesar de comenzar su andadura empresarial como una pequeña heladería de San Francisco, donde ya tiene 213 establecimientos.

Lenguaje alegre
- Utiliza un lenguaje divertido, irreverente, peculiar... en suma, ¡divertido!

Diferenciación de su producto
- Es relevante la diferenciación de su producto respecto a la competencia, destacando por ejemplo, por sus sabores exóticos.

Interacción con los seguidores
- Siempre ha buscado una gran interacción con sus seguidores. Por ejemplo, recuperando sabores de helados antiguos o creando sabores nuevos a petición de sus seguidores.

4.2. *Media Markt* España

Media Markt es una **gran empresa** y no una pyme, pero su cuenta de *X* es **una de las cuentas empresariales más aclamadas** de nuestro país. Hay grandes empresas que venden productos similares a los suyos, como Fnac o El Corte Inglés, pero ninguna tiene tantos seguidores como @Media-Markt_es, que ya supera los 524.000 seguidores.

 SABÍAS QUE...

Media Markt le saca 370.000 seguidores a Fnac y 220.000 a El Corte Inglés, que tiene mucha más trayectoria en nuestro país y vende más artículos que *Media Markt*.

El secreto del crecimiento de *Media Markt* en *X* consiste, básicamente, en ser una **cuenta muy irreverente.** Tanto que, incluso, ha sido noticia en los medios de comunicación (lo que le ha dado todavía más realce) por 'trollear' a sus propios seguidores. Es decir, por tratarles a veces con demasiada irreverencia, tanta que incluso pareciera que les toma el pelo.

👁 EJEMPLO

Un ejemplo famoso de sus respuestas irreverentes fue este que, en este caso, se le volvió en contra provocando un aluvión de críticas y repercutiendo negativamente a la imagen global de la marca:

Post de Media Markt España

👁 EJEMPLO

Otra táctica que suelen usar los *community managers* de *Media Markt,* y que es muy efectiva en *X,* es **tratar temas de actualidad desde una óptica humorística** y llevárselos a su terreno.

Post de Media Markt España

Continúa en página siguiente >>

<< Viene de página anterior

Post de Media Markt España

4.3. Muy Interesante

Puede parecer mentira, pero sí, una revista enfocada al mundo de la ciencia como Muy Interesante tiene **muchísimo éxito en X.** Tanto, que acumula más de 8,3 millones de seguidores.

¿En qué se basa su éxito?

Muy Interesante utiliza las siguientes **estrategias:**

Contenido interesante y de calidad	Alto nivel de interacción
- Tiene una estrategia de **creación de contenido de calidad** muy clara, basada en las **respuestas** que interesan a gran parte de la audiencia de *X* (sea o no seguidora del mundo de la ciencia) y **artículos con curiosidades científicas.**	- El uso de **fotografías y el recordatorio de efemérides** hace que suela tener un alto nivel de interacción por parte de sus seguidores, que no dudan en comentar o repostear sus *posts*.

 **EJEMPLO**

Observa el siguiente *post* publicado por Muy Interesante:

Post de Muy Interesante

 ACTIVIDAD COMPLEMENTARIA

2. Como has visto, gestionar la cuenta corporativa de una gran empresa en *X* no es siempre sinónimo de éxito. Busca ejemplos de grandes marcas que creas que están fracasando en su estrategia de *marketing* en *X* y explica cuáles piensas que son los motivos del fracaso y las mejoras que podrían aplicarse.

TAREA 2

Durante el desarrollo del curso, vas a poner en marcha una cuenta de *X* para promocionar tu negocio. A través del *marketing* en esta red social tendrás que conseguir mejores resultados para tu empresa.

Para ello, una vez creada tu cuenta, comienza a utilizarla adecuadamente. Publica tu primer *post* teniendo en cuenta las claves del éxito en esta red social.

---

5. Resumen

X es una de las redes sociales más utilizadas en España, junto a *Facebook* e *Instagram*, por lo que puede ayudarte a **impulsar tu negocio.** Se trata de una red social en la que los usuarios comparten opiniones y buscan mantener conversaciones con otros usuarios.

Su principal característica es que hay que ser capaz de expresar lo que se quiere contar en **280 caracteres.**

Para empezar a generar más ventas para tu negocio gracias a *X,* debes seguir estos **pasos:**

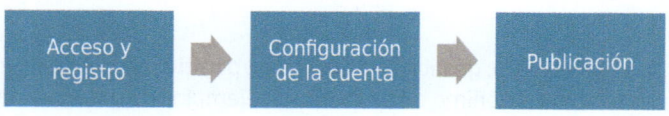

Es fundamental configurar tu cuenta empresarial correctamente, ofreciendo una **imagen de empresa solvente y seria** desde el principio.

Debes saber que gestionar la cuenta corporativa de una empresa en *X* no es siempre sinónimo de éxito. Muchas empresas, por grandes y conocidas que sean, quedan estancadas en la inmensidad del océano de cuentas de empresa que es *X*. Para triunfar en esta red social debes seguir estos **preceptos básicos:**

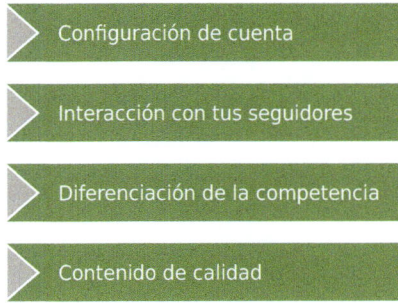

Ejercicios de autoevaluación
Unidad de Aprendizaje 1

1. ¿Qué es *X*?

    a. Una red social basada únicamente en la publicación de imágenes.
    b. Una red social donde los usuarios expresan su opinión y buscan información.
    c. Una red social que sirve, exclusivamente, para promocionar a las empresas.
    d. Una red social en la que los usuarios tienen que tener en cuenta la limitación en el número de caracteres a la hora de publicar.

2. ¿Qué es lo primero que debes hacer para comenzar a impulsar el *marketing* en *X* de tu empresa?

    a. Publicar un *post.*
    b. Crear contenido de calidad.
    c. Crear un perfil para tu empresa en *X.*
    d. Contactar con un *influencer.*

3. ¿Cómo puedes encontrar a otros usuarios en *X*?

    a. Mencionándolos en un *post.*
    b. Buscando sus nombres en la caja de la parte superior de la pantalla Buscar en *X.*
    c. No se puede encontrar a otros usuarios en *X.*
    d. Mediante un formulario de contacto en tu página web.

4. ¿Cuál es uno de los motivos del éxito de Humphry Slocombe en *X*?

    a. Que publica muchos *posts.*
    b. Que regala helados por *X.*
    c. Que publica contenido audiovisual.
    d. Su lenguaje divertido.

5. ¿Cómo se puede impulsar la imagen de marca de una empresa en X?

    a. Utilizándolo como canal de venta.
    b. Utilizándolo como canal de atención al cliente.
    c. Utilizándolo como una herramienta de comunicación corporativa.
    d. Todas las opciones son correctas.

6. ¿Para qué puede servirle X a una empresa?

    a. Para ampliar su alcance y su relevancia en el sector al que se dedique.
    b. Para interactuar con su competencia.
    c. Para descubrir nuevos clientes.
    d. Todas las opciones son correctas.

7. ¿Cuál es el límite de extensión de un mensaje en X?

    a. 280 caracteres.
    b. 140 caracteres.
    c. 200 caracteres.
    d. No hay límite de extensión.

8. ¿Qué es un *post*?

    a. Un mensaje escrito en cualquier red social.
    b. El sonido que hace X al enviar una notificación.
    c. Un mensaje escrito en la red social X.
    d. Un tipo de vídeo.

9. ¿Para qué sirve repostear?

    a. Para compartir información de otros usuarios rápidamente.
    b. Para hacer *spam.*
    c. Para compartir contenido de tu página web corporativa.
    d. Para publicar enlaces de un periódico digital.

10. **¿Cuál es una de las claves del éxito de la revista Muy Interesante en *X*?**

      a. Su lenguaje divertido.
      b. Que comparte mucha información.
      c. Que publica muchos *posts*.
      d. Alto nivel de interacción con los usuarios.

Aplicaciones útiles para impulsar tu *marketing* en X

Contenido

Objetivos

Los objetivos específicos de esta Unidad de Aprendizaje son:

→ Utilizar *HootSuite* para la programación de mensajes en *X*.

→ Enumerar los principales programas de edición de vídeo e imágenes del mercado.

→ Utilizar *X* Analitycs para analizar los resultados de la cuenta de empresa en *X*.

1. Introducción

Existen numerosas **aplicaciones, programas y recursos,** la mayoría de ellos gratuitos, que te ayudarán a sacarle el **máximo rendimiento posible a tu cuenta** de *X*.

En esta unidad se hará especial hincapié en las herramientas de programación de mensajes en *X,* para que no tengas que estar pendiente todo el día de esta red social, conocerás algunos programas de edición de vídeo, como *OpenShot Video Editor,* editor gratuito para cuyo manejo no necesitas tener conocimientos avanzados de edición de vídeo. También se trabajará sobre la manera correcta de análisis de los datos de rendimiento de la cuenta de *X* con el objetivo de corregir posibles errores que se estén cometiendo.

Para ello, nos basaremos en el caso de Luis, que tiene una pequeña empresa dedicada a la venta, instalación y reparación de puertas y cerraduras, llamada Puertas Luis.

2. Herramientas de gestión remota

 HILO CONDUCTOR

Una vez que Puertas Luis ya ha comenzado a utilizar *X* para impulsar su negocio, es hora de aprovechar al máximo todas las posibilidades que ofrece esta plataforma para mejorar sus relaciones con los clientes y obtener el máximo rédito empresarial.

Conforme van pasando los días, Luis tiene la sensación de que tiene que estar todo el día pensando en lanzar mensajes en *X* si quiere que Puertas Luis tenga una buena visibilidad. Pero, entre atender clientes y pedidos y, en definitiva, gestionar su negocio, hay días que no puede hacerlo como es debido porque la vorágine del día a día acaba comiéndose su tiempo.

Aunque lo ideal es utilizar *X* "en directo", es decir, desde la propia web de *X* o instalando la aplicación de *X* en el dispositivo móvil, hay veces que es mejor utilizar una herramienta de programación para la publicación de los mensajes de *X*.

Este tipo de herramientas te van a permitir ampliar las funcionalidades de *X*, **programando mensajes para que aparezcan en tu *timeline*** en el momento en que tú quieras, sin necesidad de que lances el *post* en ese momento justo.

 ## DEFINICIÓN

Timeline
Pantalla de inicio de tu cuenta de *X*, en la que se muestran tus *posts* y los del resto de usuarios a los que sigues y que te siguen.

- -

Por lo tanto, si como en el caso de Luis, todo el trabajo y las gestiones diarias no te permiten dedicar a *X* el tiempo suficiente, estas herramientas pueden ayudarte.

 ## EJEMPLO

Has decidido lanzar un producto en oferta dentro de un mes y quieres hacer una pequeña campaña publicitaria para ir creando expectación entre tus seguidores pero prevés que, en los quince días anteriores al lanzamiento, no vas a poder prestarle demasiada atención a *X* porque tienes en tu agenda muchas reuniones de trabajo con clientes.

De esta manera, con este tipo de herramientas, podrás programar un número indeterminado de *posts* para que aparezcan en tu *timeline* de *X* durante los días o semanas previas al lanzamiento de la oferta en cuestión.

- -

Además, estas herramientas también te permiten interactuar con otros usuarios, consultar mensajes directos, seguir *trending topics*... ¡Como si estuvieras en *X*!

Algunas son aplicaciones gratuitas, aunque cada vez más ofrecen periodos de prueba gratuitos para que puedas testear la herramienta. Tras este periodo gratuito hay que comprar una licencia de uso si se desea seguir usándola. Algunas herramientas de gestión remota de X son *HootSuite*, *X Pro* (antiguo *TweetDeck* que pasa a ser una herramienta de pago para los usuarios de X Blue) y *Buffer*. A continuación, se analizará detenidamente *Hootsuite*, por ser la más sencilla y utilizada por los *community managers*.

 **RECUERDA**

Lo ideal es utilizar *X* "en directo", para acostumbrarte al uso de la plataforma y poder aprovechar mejor todas sus funcionalidades.

2.1. *Hootsuite*

HootSuite permite **gestionar tus redes sociales favoritas desde un solo lugar.** Además de *X,* también podrás gestionar tus perfiles y páginas (personales o de empresa) en *Facebook, Instagram, LinkedIn, YouTube y TikTok.* En este caso, se verán únicamente las funcionalidades para *X.*

Para empezar, **entra en la web** de la aplicación. Podrás hacerlo escaneando el siguiente código:

https://redirectoronline.com/marketingtwitter0201

Comienza tu periodo de prueba clicando sobre el botón **Comienza tu prueba gratuita** que aparece arriba a la derecha.

En la siguiente pantalla podrás elegir el plan que más se adecue a tus necesidades, dependiendo del número de personas que necesites que tengan acceso a la aplicación para manejar la cuenta de *X*. Observa que conforme más personas tengan que acceder a la cuenta, el precio aumenta considerablemente.

IMPORTANTE

HootSuite, en la primera pantalla, te ofrece un descuento si te saltas los 30 días gratuitos de prueba.

Los planes iniciales te permiten incorporar hasta 3 usuarios y 20 perfiles en las diversas redes sociales. Pero si tu empresa, al igual que la de Puertas Luis es pequeña, es aconsejable empezar con el **plan Professional** en el que dispones de un usuario y 10 cuentas sociales.

Una vez que hayas completado los datos del registro (es un proceso muy intuitivo), puedes **comenzar a usar** *HootSuite.* Para ello, sigue estos pasos:

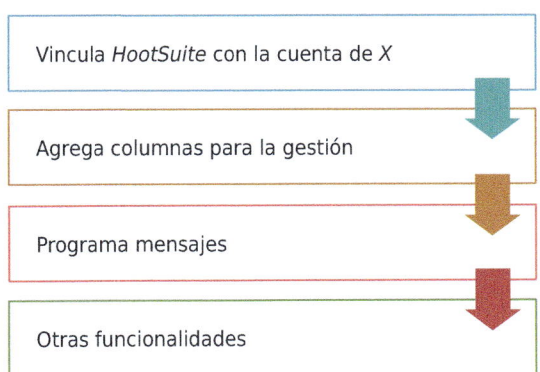

A continuación, se analizarán de forma pormenorizada cada uno de ellos.

Vincula *HootSuite* con la cuenta de *X*

Lo primero que debes hacer es vincular *HootSuite* con la cuenta de *X* de tu empresa. Para ello, pulsa en el icono gris de la persona abajo a la izquierda de la página y, a continuación, en **Gestionar cuentas y equipos.**

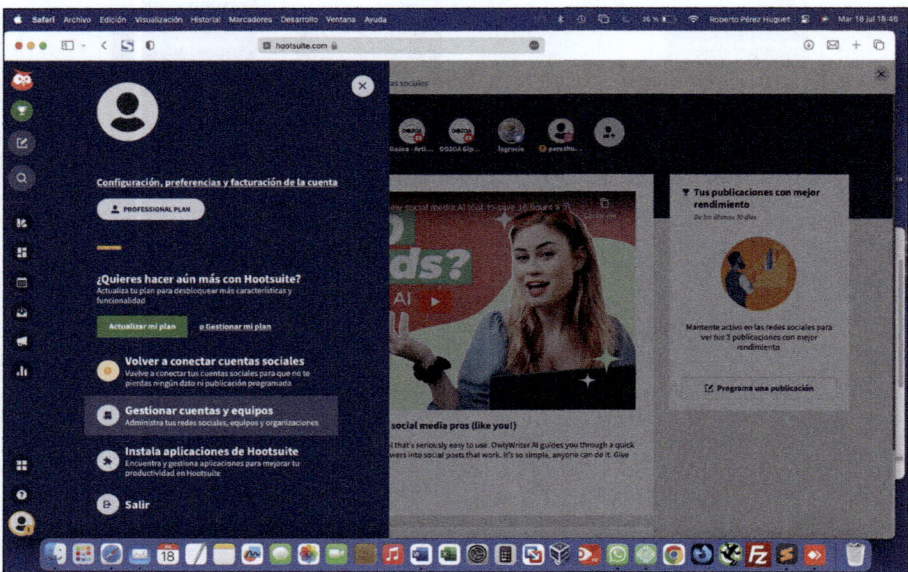

En la siguiente pantalla debes hacer clic en el botón verde + **Cuenta privada.**

Seguidamente, selecciona **Conectar con *X*.**

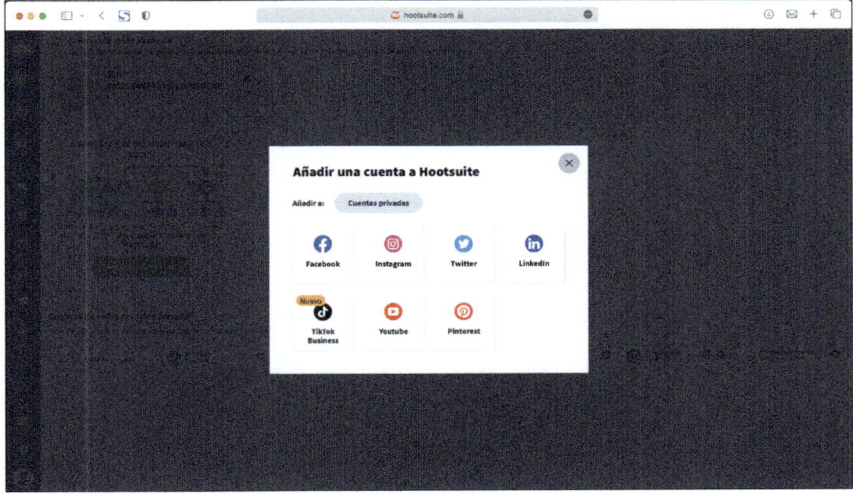

A continuación, **ingresa tus datos** de usuario en *X*.

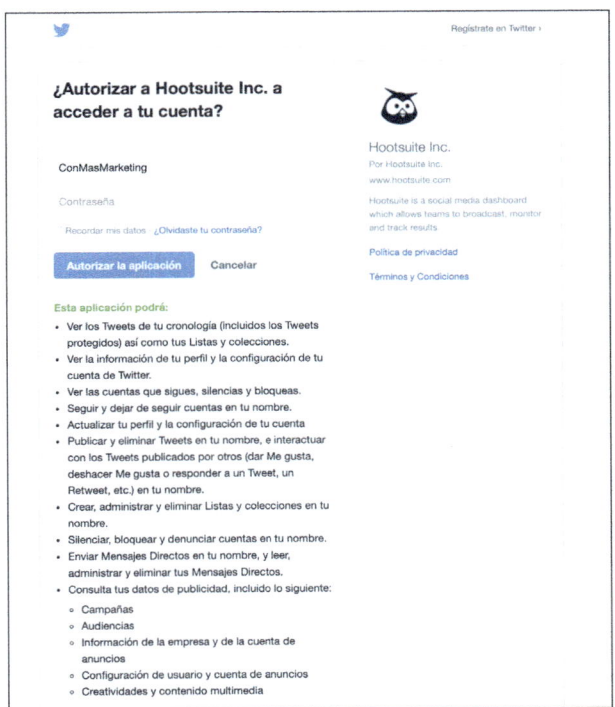

Agrega columnas para la gestión

El siguiente paso es agregar las **columnas que te van a permitir gestionar X** desde *HootSuite*.

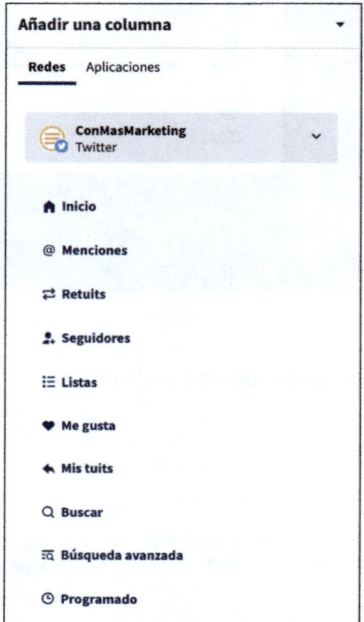

Las más usuales son:

- ⮡ **Menciones:** para conocer quién está hablando de tu empresa en *X* y, en consecuencia, poder contestarle.
- ⮡ **Bandeja de entrada:** para ver los mensajes directos (similares a un correo electrónico) que otros usuarios de *X* han enviado a la cuenta de tu empresa.
- ⮡ **Mis *posts*:** para ver los *posts* que has enviado.
- ⮡ **Programados:** para ver los *posts* que has programado para que salgan en *X* más adelante.

 **CONSEJO**

Es recomendable que eches un vistazo a todas las columnas para elegir las que más se ajustan a tus necesidades.

Programa mensajes

Ahora vas a ver cómo utilizar la funcionalidad principal de *HootSuite:* la programación de mensajes. Para ello, haz clic en el icono de color mostaza que aparece en la parte superior de la columna que has establecido en *X*.

Tras ello pulsa en **Programar un mensaje** y podrás **seleccionar el día y la hora** en la que lanzarás tu publicación.

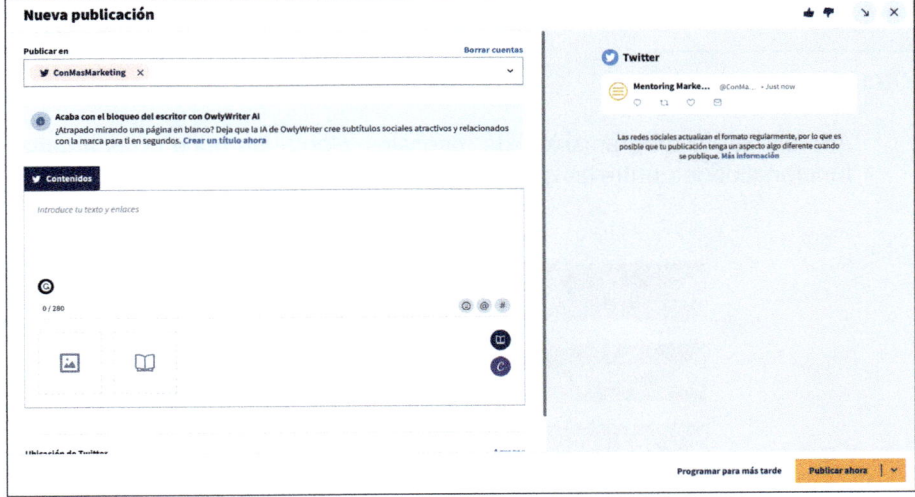

Esta funcionalidad es muy intuitiva y permite tener programadas un máximo de 10 publicaciones diarias.

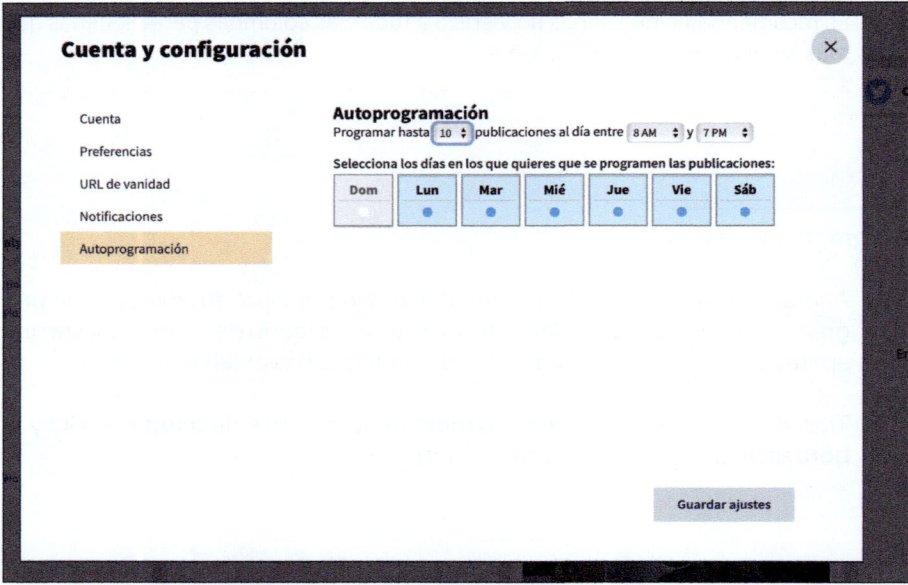

Panel de planificación de publicaciones de HootSuite

Otras funcionalidades

Además de la programación de mensajes, *HootSuite* tiene otras muchas funcionalidades, entre las que se encuentran:

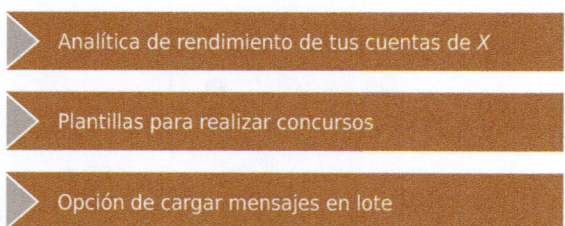

ACTIVIDAD COMPLEMENTARIA

3. Busca información sobre *HootSuite*, y recopila información sobre las funcionalidades que ofrece.

 ## VÍDEO

Observa el siguiente videotutorial, en el que se muestra el manejo de *HootSuite:*

https://redirectoronline.com/marketingtwitter0202

TAREA 3

Tienes una cuenta de *X* para promocionar tu negocio. A través del *marketing* en esta red social tendrás que conseguir mejores resultados para tu empresa.

Para lograrlo, tienes que publicar tus *posts* con cierta regularidad, pero no puedes dedicarle a esta tarea todo el tiempo que quisieras, por lo que has decidido utilizar una herramienta que te ayude con esta tarea.

Para ello, crea una cuenta de *HootSuite* que te permita gestionar tus redes sociales y vincula tu perfil de *X*. Una vez asociado el perfil, deberás:

- Añadir las columnas de 'menciones', 'mensajes directos' y 'mensajes programados'.
- Programar dos *posts* para lanzar a lo largo del día.

---

3. Herramientas de producción de vídeo

☞ HILO CONDUCTOR

Luis quiere hacer un vídeo sobre cómo colocar adecuadamente una puerta blindada en una vivienda. Tiene una videocámara que graba imágenes con cierta calidad, por lo que ha decidido grabar él mismo el vídeo. Sin embargo, no sabe cómo editarlo para que tenga un acabado profesional.

Ha pensado que contratar a un profesional externo puede salirle muy caro, por lo que está investigando para ver cómo puede editar su vídeo gratis y sin necesidad de tener apenas conocimientos de edición de vídeo.

A veces no todo lo que quieras comunicar a través de *X* va a caber en el reducido número de caracteres que te permite utilizar esta red social en un *post*. Quizá, si tu oferta o idea es brillante pero un poco extensa, te convenga explicarla en un pequeño vídeo. Pero, ¿cómo hacerlo si no tienes conocimientos acerca de cómo grabar un vídeo?

No te preocupes, hay herramientas muy sencillas que te permitirán hacer un vídeo de calidad sin apenas conocimientos.

RECUERDA

X aumentó en 2017 el número de caracteres permitidos en un *post,* pasando de sus tradicionales 140 caracteres a 280.

3.1. Cómo hacer un vídeo para promocionar tu negocio en *X*

Lo primero que debes tener claro es **qué quieres contar en tu vídeo.** Así que lo más adecuado es que te hagas un pequeño guion que recoja lo siguiente:

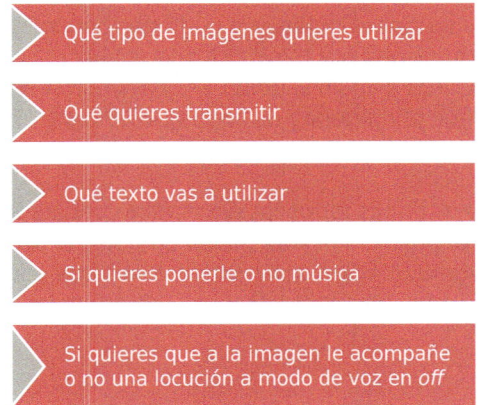

Qué tipo de imágenes quieres utilizar

Qué quieres transmitir

Qué texto vas a utilizar

Si quieres ponerle o no música

Si quieres que a la imagen le acompañe o no una locución a modo de voz en *off*

 **CONSEJO**

Aunque *X* permite cargar vídeos de dos minutos de duración, es recomendable que el vídeo no tenga una duración superior a los 40 segundos para que sea más sencillo mantener el interés de los posibles clientes en tu producto.

👁 **EJEMPLO**

Observa el siguiente video realizado por @leroymerlin_es:

https://redirectoronline.com/marketingtwitter0203

Una vez que tengas el guion, y si no tienes conocimientos suficientes para grabar las **imágenes** por ti mismo, puedes hacer uso de algunas plataformas de descarga gratuitas, como Shutterstock o Pixabay. En ellas podrás obtener vídeos e imágenes de todo tipo. ¡Busca, encuentra y descarga la que mejor se adapte a tu idea!

Una vez que ya tienes todos los elementos preparados para hacer tu vídeo, falta formar el puzle. Para ello, tienes que utilizar un **programa de edición de vídeo.** A continuación, se analiza brevemente cómo funciona *OpenShot Video Editor,* un el principal editor de vídeo gratuito.

NOTA

Puedes descargar *OpenShot Video Editor* desde su página web: <https://www.openshot.org>, donde está disponible para distintos sistemas operativos y en diferentes idiomas.

OpenShot Video Editor es un editor de vídeo de código abierto que permite recortar, editar los títulos, introducir animaciones e incluso ralentizar o acelerar las imágenes de los vídeos.

Utilizarlo es extremadamente sencillo y puedes agregar vídeos, fotos, música, diferentes tipos de cortinillas y efectos, texto, títulos de crédito, seleccionar el tiempo de duración de cada imagen, introducir efectos de sonido, etc. El primer paso es hacer clic en la opción **Importar Archivos** para seleccionar los archivos con los que se va a trabajar. Puedes agregarlos según los necesites, no es obligatorio añadirlos al iniciar el proyecto. Estos archivos tienen que ubicarse en el equipo en el que estás editando el vídeo.

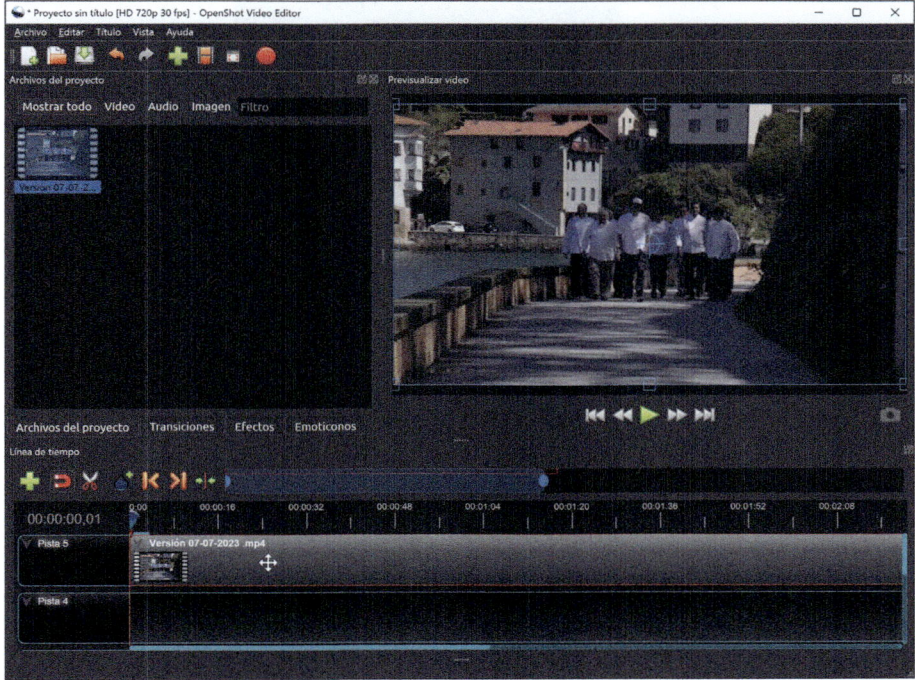

Edición de vídeo en OpenShot Video Editor

Una vez que hayas editado el vídeo a tu gusto, debes **guardar el proyecto y exportar el vídeo.** En la exportación del vídeo puedes seleccionar el formato deseado. El más usual es mp4 o webp si se va a introducir en una página web.

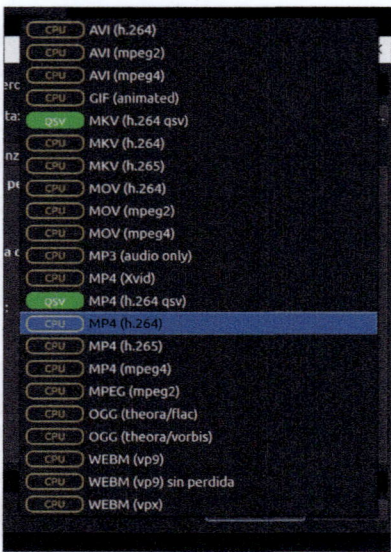

Selección de la extensión de archivo de vídeo en OpenShot Video Editor

 **VÍDEO**

Observa el siguiente videotutorial, en el que se muestra el manejo de *OpenShot Video Editor:*

https://redirectoronline.com/marketingtwitter0204

Si no quieres utilizar ningún programa en tu ordenador, o prefieres editar vídeo con tu teléfono móvil, puedes usar alguna **plataforma de edición de vídeo *online*.** Aunque hay más, estas son las tres más utilizadas:

Vimeo	Youtube	Magisto

- Permite editar vídeos, incluso desde el teléfono móvil, y obtener estadísticas.	- El editor de vídeo de Youtube permite retocar el audio, añadir música, usar transiciones o filtros, incrustar notas, cortar y pegar imágenes, etc.	- Este programa prácticamente edita por ti. Solo tienes que subir los vídeos que quieras, elegir un título, un filtro, la música, y el programa genera el vídeo automáticamente. Además, puedes modificarlo posteriormente.

 RECUERDA

A veces lo que quieres contar a tus usuarios no cabe en un solo *post*. En ese caso, es recomendable que hagas un vídeo corto de menos de 40 segundos de duración.

4. Herramientas de producción de imágenes

☞ **HILO CONDUCTOR**

Ahora Luis quiere adentrarse, también, en el mundo del *marketing* a través de imágenes estáticas. ¿Cómo podrá crear una imagen atractiva sobre una oferta que acaba de lanzar?

Dicen que una imagen vale más que 1.000 palabras. *X* tampoco escapa a este dicho popular y, aunque no siempre es así, las imágenes tienen un gran poder de atracción para los usuarios de *X*.

Así, es importante que utilices **imágenes de calidad** para ofertar productos, lanzar promociones o, simplemente, mostrar la cara más atractiva de tus productos y de tu negocio. Una imagen bien hecha puede:

Antes de comenzar a hacer imágenes para la cuenta de tu empresa en *X*, debes responderte con sinceridad a esta pregunta: ¿sabes editar imágenes? No, no vale tener un máster en el uso de *Paint.* Así que vas a ver las **principales herramientas de edición de imagen** disponibles en el mercado.

Las imágenes son esenciales en el marketing en X.

A continuación, se muestran algunos **programas básicos para editar fotografía y crear imágenes de calidad** para *X:*

- ➲ *Adobe Photoshop:* es la herramienta de retoque y edición fotográfica digital más potente y conocida del mundo. Tiene cientos de funcionalidades: incorporar texto a una imagen para crear composiciones apropiadas para su uso en publicidad, recortar o agrandar imágenes, ajustar niveles de brillo o contraste, restaurar imágenes deterioradas, convertir fotos en dibujos... sus posibilidades son prácticamente infinitas.

¿Cuál es el problema? Que no es gratis, aunque si quieres dar un toque profesional a toda la imagen de tu empresa –es decir, si no lo vas a usar solo para *X,* sino también para diseño web, cartelería, vinilos para decorar tu lugar de trabajo...– es recomendable su adquisición.

- ⮕ *Photoscape:* es un editor de imágenes gratuito, con una interfaz bastante asequible para usuarios sin apenas conocimientos de retoque fotográfico digital. Permite crear mosaicos, murales, *gifs* animados, ajustar niveles de brillo o contraste, etc.
- ⮕ *Fotor:* permite editar imágenes libremente mediante decenas de filtros.
- ⮕ *PicMonkey:* es un programa sencillo que te permite, entre otras cosas, maquillar un rostro, crear un collage o diseñar una tarjeta para *X.*
- ⮕ *FotoFlexer:* editor de imágenes que permite, entre otras cosas, crear portadas de calidad para tu perfil de *X,* tarjetas de felicitación, *collage...*
- ⮕ *Befunky:* muy útil para crear *collages.* Tiene una gran cantidad de filtros, texturas y efectos.
- ⮕ *Sumo Paint:* editor bastante completo, con una interfaz de usuario muy parecida a la de *Photoshop,* aunque tiene menos funcionalidades.

SABÍAS QUE...

Puedes adquirir gratuitamente la versión *Adobe Photoshop Express,* muy sencilla y con menos funcionalidades, pero eficaz.

Además de estos programas para crear y editar imágenes, también tienes la posibilidad de **descargar imágenes gratuitamente** de los bancos de imágenes libres de derechos de autor que pueblan internet.

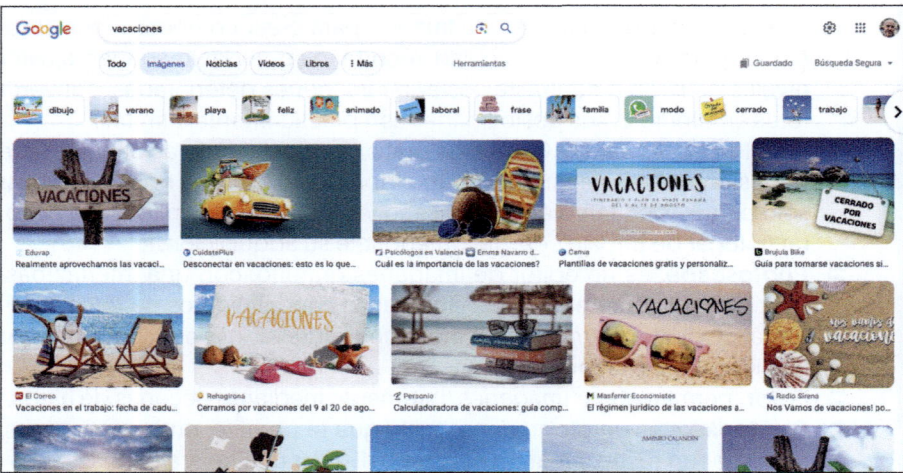

En los bancos de imágenes existen suscripciones para descargar imágenes de gran calidad. Hay que respetar las licencias y los derechos de autor y es aconsejable que se usen imágenes etiquetadas, como mínimo, para reutilización.

 EJEMPLO

Algunos de los más conocidos son: Buscador Creative Commons, IM Creator, Pic Jumbo, Gratisography, Unsplash, Stocksnap, Getty Images o Sliptshire.

 ACTIVIDAD COMPLEMENTARIA

4. ¿Qué otros programas de edición de vídeo y/o imágenes conoces o utilizas habitualmente?

 TAREA 4

Pilar tiene una empresa dedicada a la organización de eventos y está especializada en bodas. A través del *marketing* en *X* quiere llegar a más público para conseguir mejores resultados para su empresa.

Continúa en página siguiente >>

<< Viene de página anterior

Para ello, está diseñando algunas imágenes y vídeos que va a utilizar en sus *posts*. ¿Qué herramientas podrá utilizar para producir las imágenes y vídeos que necesita?

Enumera los principales programas de edición de vídeo e imágenes del mercado, determinando cuáles de ellos podría utilizar Pilar para conseguir su objetivo, teniendo en cuenta que no maneja habitualmente este tipo de programas.

- -

5. Herramientas de análisis e interpretación

☞ HILO CONDUCTOR

Puertas Luis ha comenzado a utilizar *X* con asiduidad. Ya lleva varias semanas posteando y su comunidad de seguidores comienza a crecer. ¿Cómo puede @ PuertasLuis saber con exactitud cuál es su rendimiento en *X:* qué contenidos tienen más éxito, qué seguidores interactúan más con su marca…?

- -

Además de utilizar *X* asidua y correctamente, es fundamental **analizar los resultados que tu cuenta de empresa va obteniendo** en *X*, para mejorar los aspectos que sean precisos.

Así, es recomendable analizar semanalmente el rendimiento de tu cuenta de *X* a través de la herramienta de análisis de la propia plataforma: <https://analytics.Twitter.com>.

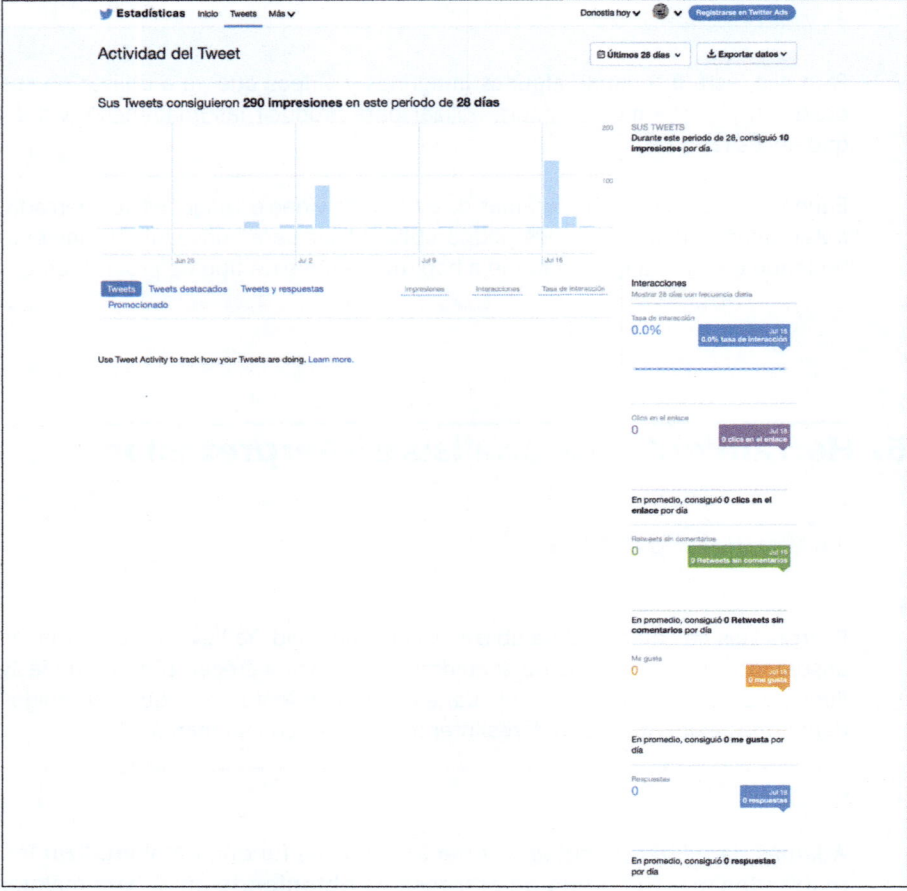

Interfaz de las estadísticas de X

Esta herramienta ofrece un completo análisis de diferentes aspectos relacionados con la cuenta de *X*. ¿Sabes cuáles son?

Esta herramienta ofrece un completo análisis, entre otros, de los siguientes aspectos:

- El número de impresiones o veces que tus *posts* han sido vistos por otros usuarios.
- El número de interacciones: usuarios que han reposteado un mensaje, han dejado un comentario, han indicado que tu *post* les gusta o han enviado tu *post* por correo electrónico.
- El porcentaje de usuarios que han interactuado con un *post* o tasa de interacción

⊃ Usuarios que han hecho clic en el enlace que acompaña a un *post*.

El número de usuarios que la han seguido se puede ver en la propia cuenta, no es necesario recurrir a la herramienta de análisis.

X dispone de la plataforma ***Video Activity Dashboard*** en la que se muestran las mismas analíticas que para los *posts*, pero para los vídeos que se suban a la plataforma. De esta manera se puede saber si funcionan mejor las publicaciones con vídeos o con imágenes.

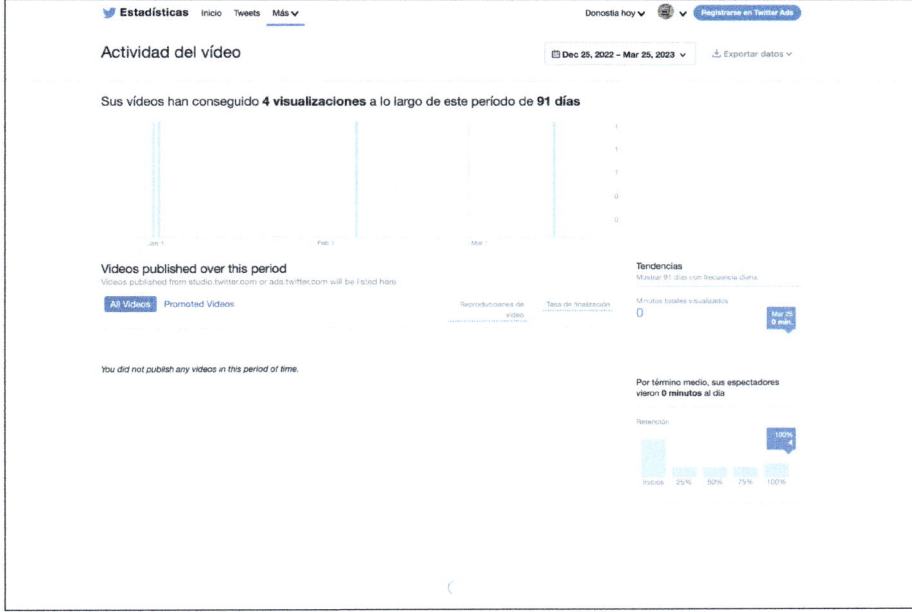

Panel de análisis del comportamiento de los vídeos que se publican en X

IMPORTANTE

Todos estos datos te ayudarán no solo a mejorar tu estrategia en *X*, sino a conocer mejor a tus potenciales clientes y a realizar ofertas adecuadas a sus gustos.

Además de la propia herramienta de **X Analytics,** existen otras herramientas gratuitas que te permitirán analizar el rendimiento de tu empresa en X. Algunas de ellas son *HootSuite* –que ya has visto–, *Audiense, Mention* o *SocialMention.*

 **VÍDEO**

Observa el siguiente videotutorial, en el que se muestra el manejo de *X Analytics:*

https://redirectoronline.com/marketingtwitter0205

 TAREA 5

Tienes una cuenta de *X* para promocionar tu negocio. A través del *marketing* en esta red social estás intentando conseguir mejores resultados para tu empresa. Para ir comprobando si estás consiguiendo tus objetivos, has decidido usar *X Analitycs.*

Para ello, deberás utilizar esta herramienta y extraer los datos más relevantes que se reflejan en la misma, analizando dichos datos.

En función de los datos consultados, deberás determinar si estás obteniendo o no buenos resultados y si es necesario aplicar algún cambio en el uso que haces de *X* para mejorarlos.

6. Resumen

No tienes por qué estar las 24 horas del día los 7 días a la semana pegado/a a tu cuenta de *X*, puedes utilizar herramientas de control remoto, como *HootSuite,* para gestionar tus redes sociales favoritas desde un solo lugar.

HootSuite permite, entre otras **funcionalidades:**

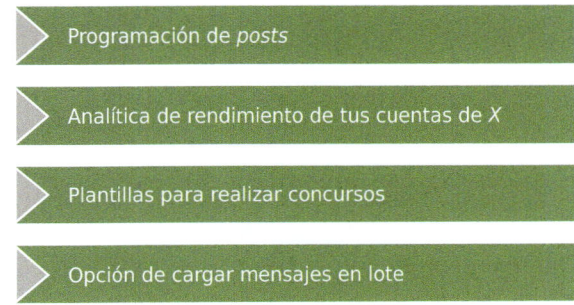

Programación de *posts*

Analítica de rendimiento de tus cuentas de *X*

Plantillas para realizar concursos

Opción de cargar mensajes en lote

El contenido multimedia es vital en el *marketing* en *X.* Es necesario saber realizar pequeños **vídeos e imágenes promocionales,** con herramientas como *OpenShot Video Editor* o *Adobe Photoshop.*

Además de postear, también debes analizar el rendimiento de tus *posts* para tener la posibilidad de corregir errores en tu estrategia. *X Analytics* es una herramienta muy sencilla de la que podrás obtener mucha información.

Ejercicios de autoevaluación
Unidad de Aprendizaje 2

1. ¿Qué es el *timeline*?

   a. Es la pantalla de inicio de tu cuenta de X, en la que se muestran tus *posts* y los del resto de usuarios a los que sigues.
   b. Es la línea del tiempo a lo largo de la Historia de X.
   c. Es la pantalla de inicio de sesión de X.
   d. Es un programa de edición de vídeo.

2. ¿Qué es *Buffer*?

   a. Una aplicación de X para telefonía móvil.
   b. Una herramienta de gestión remota de X, gratuita.
   c. Una herramienta de gestión remota de X, de pago.
   d. Una aplicación para analizar el rendimiento de una campaña de *marketing*.

3. ¿Qué es *HootSuite*?

   a. Una aplicación que mide la actividad de una cuenta de X.
   b. Una herramienta de edición de vídeo *online*.
   c. Una herramienta de gestión remota de X, de pago.
   d. Una aplicación que permite gestionar redes sociales desde un solo lugar.

4. ¿*HootSuite* es gratis?

   a. Sí, aunque tiene planes de pago.
   b. Sí, es una herramienta de *software* libre.
   c. No, no tiene ninguna versión gratuita.
   d. No, aunque tiene una versión de prueba de 30 días.

5. Para gestionar *X* desde *HootSuite* es necesario...

    a. ... únicamente instalar la aplicación.
    b. ... agregar las columnas que más se ajusten a tus necesidades.
    c. ... disponer de un plan de pago en esta herramienta.
    d. ... no se puede gestionar *X* desde *HootSuite.*

6. ¿Cuál es el límite de duración que puede tener un vídeo en *X*?

    a. Dos horas.
    b. Una hora.
    c. Dos minutos.
    d. Cinco minutos.

7. ¿Qué es *Pixabay*?

    a. Es una plataforma de descarga gratuita de imágenes.
    b. Es una plataforma que permite editar imágenes *online*.
    c. Es una plataforma para gestionar *X* de modo remoto.
    d. Es una aplicación que permite sacar estadísticas del uso de *X*.

8. ¿Qué es *Vimeo*?

    a. Un programa de edición de vídeo que hay que descargar en el ordenador.
    b. Un programa de edición de vídeo para dispositivos móviles.
    c. Una plataforma de edición de vídeo *online*.
    d. Es una plataforma de descarga gratuita de imágenes.

9. ¿Las imágenes son esenciales en el *marketing* en *X*?

    a. Sí, porque a veces no se puede explicar todo en un *post* y es necesario crear una imagen.
    b. No, es esencial el texto que se escribe.
    c. No, lo son los vídeos.
    d. Sí, pero solo para los usuarios que ven *X* en su teléfono móvil.

10. ¿Para qué sirve *X Analytics*?

    a. Para analizar el rendimiento global de una cuenta de *X*.

    b. Para analizar el rendimiento de una campaña de *marketing* en *X*.

    c. Para hacer informes globales sobre el uso de *X* en tu empresa.

    d. Para realizar campañas de *marketing* en *X*.

Análisis. Investigación y escucha

Contenido

Objetivos

Los objetivos específicos de esta Unidad de Aprendizaje son:

→ Detectar a los usuarios que conforman la comunidad del ámbito empresarial tratado.

→ Interactuar con los posibles clientes en *X,* respondiendo y reposteando mensajes.

→ Crear listas de usuarios en *X.*

→ Utilizar las principales herramientas de análisis y medición de datos.

1. Introducción

X es utilizado por cientos de miles de usuarios cada día, que lanzan al ciberespacio **millones de *posts*.** Pero no todos requieren de la misma atención, es importante diferenciar los que le interesan a tu público y a tu negocio.

En esta unidad aprenderás a separar el grano de la paja en X, a escuchar atentamente las conversaciones que están teniendo lugar en torno a tu campo de negocio y a aprovechar las oportunidades que brindan estas conversaciones para posicionar tu producto y conseguir captar clientes.

Para un correcto desempeño del *marketing* en X es fundamental que, periódicamente, se evalúe el **rendimiento de la cuenta en X** a través de una serie de factores que verás a lo largo de la presente unidad.

Para el desarrollo del contenido, nos basaremos en el caso de Luis, que tiene una pequeña empresa dedicada a la venta, instalación y reparación de puertas y cerraduras, llamada Puertas Luis.

2. Detección de tendencias y seguimiento de la conversación

👉 HILO CONDUCTOR

Luis ha comenzado a utilizar la cuenta de X de Puertas Luis, y se ve abrumado ante el aluvión de mensajes que observa en X sobre cómo conseguir una mayor seguridad en un domicilio o un negocio... ¿Será Luis capaz de detectar las necesidades reales de sus potenciales clientes en X, o su empresa naufragará en el vasto océano de esta red social?

Para que tu empresa tenga éxito en X es fundamental que el equipo de *marketing digital* de tu empresa —es decir, quien maneje las redes sociales— esté muy atento a **qué es lo que están diciendo el resto de usuarios acerca del sector de negocios de tu empresa** o, incluso, de tu propia empresa. Además también es conveniente seguir otros **temas de actualidad** y, en la medida de lo posible, opinar acerca de los mismos.

En suma, se trata no solo de vender los productos y/o servicios de tu empresa, sino de **interactuar con la comunidad,** detectar tendencias y, en consecuencia, reforzar tu línea de negocio o descubrir nuevas oportunidades. Pero, ¿cómo detectar tendencias en *X?*

Una **tendencia** en *X* es un **tema de conversación que está siendo muy comentado por la comunidad.** Esa explosión que convierte a un tema desconocido en popular suele deberse a una serie de circunstancias externas que potencian un valor determinado.

 ## EJEMPLO

Imagina que Donald Trump (variable externa) se ha dado un golpe con una puerta (tema latente) y el golpe ha sido captado por las cámaras de televisión y se ha convertido en *meme* en las redes sociales, lo que provoca que cientos de miles de usuarios estén hablando de puertas en *X,* generando así una oportunidad para Puertas Luis de hablar de su marca.

Además de momentos excepcionales, como el ejemplo anterior, lo más probable es que todos los días haya miles de usuarios hablando sobre el sector en el que opera la empresa, sin que esto tenga por qué convertirse en *Trending Topic.*

 ## DEFINICIÓN

Trending Topic
Tema de actualidad en *X* que llega a estar, en algún momento, entre los temas más comentados de esta red social.

 ## RECUERDA

No debes utilizar *X* como un mero escaparate para tu empresa. Debes interactuar con la comunidad, ser útil a tus posibles clientes.

¿Cómo detectar estas conversaciones, analizarlas e, incluso, intervenir en ellas?

X muestra, continuamente, las principales tendencias o grandes temas de conversación en cada país e, incluso, en cada ciudad. Como usuario, puedes encontrar las tendencias en las aplicaciones de *X* para *Android, iOS* o en <http:/www.Twitter.com>.

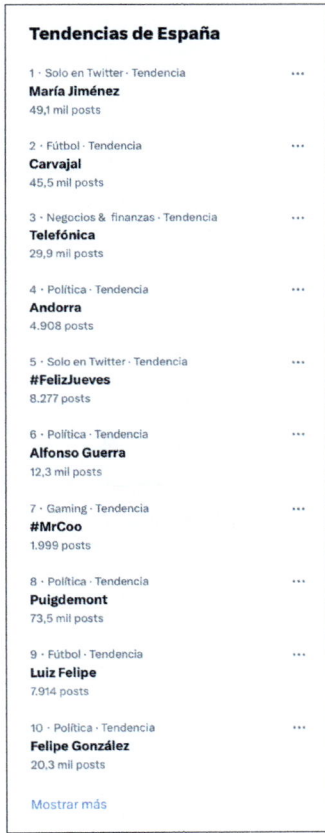

Ejemplo de tendencias en X

En las aplicaciones de *X* para dispositivos móviles, las tendencias se encuentran en la sección **Tendencias,** dentro de la pestaña **Buscar.** Sin embargo, si entras a *X* desde un ordenador, encontrarás las tendencias en el lado derecho de la pantalla.

Búsqueda de tendencias en X dentro de la aplicación de X para iOS

 **RECUERDA**

Una tendencia es un tema del cual se empieza a hablar en *X* y que se convierte en relevante debido a la alta interacción de los usuarios con ese tema específico.

Una vez que has aprendido a detectar tendencias relacionadas con tu sector, es hora de comenzar a **interactuar con los usuarios** y entablar una conversación.

Interactuar con un usuario en *X* es muy sencillo, basta con nombrar a dicho usuario para que le llegue una notificación de que alguien le está mencionando.

👁 EJEMPLO

Si quisieras interactuar con Puertas Luis, podrías escribir el siguiente *post:*

"Hola @PuertasLuis, he probado una de tus puertas y el resultado es excelente. Te felicito".

- -

Para **responder a un *post*** y entablar una conversación con el usuario que haya lanzado dicho mensaje, basta con hacer clic en el icono del 'bocadillo' que aparece debajo de cada *post:*

A continuación, escribirías la respuesta que quieres darle a dicho *post.*

Si un *post* te ha gustado mucho, puedes compartirlo también con tus contactos, **reposteándolo.** Esto se hace pulsando en el icono destacado en verde de la siguiente imagen:

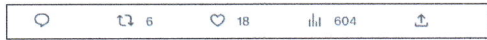

El icono del corazón, sirve para indicar que un *post* te ha gustado tanto que lo has señalado como uno de tus **'favoritos',** mientras que el sobre sirve para enviárselo a otros contactos por **mensaje privado.**

✏ ACTIVIDAD COMPLEMENTARIA

5. Busca cinco comentarios de usuarios relacionados con tu sector de mercado e interactúa con ellos.

- -

3. Investigación y penetración en el mercado

☞ HILO CONDUCTOR

Puertas Luis ha comenzado a interactuar con otros usuarios en *X*. Sin embargo, todavía le falta mucho para tener influencia en esta red social.

¿Conseguirá Puertas Luis convertirse en un referente?

- -

Es fundamental que conozcas a tu público objetivo si quieres llegar a él. Para ello, es recomendable usar la herramienta de **búsqueda avanzada de** *X* para encontrar a usuarios con intereses similares a los de tu empresa. No se trata de seguir a todos estos usuarios, sino de construir una comunidad a través de la cual penetrar en el mercado.

IMPORTANTE

Para que tu negocio tenga éxito en *X* es primordial que compruebes si hay suficiente diálogo en esta red social acorde con tus intereses comerciales.

- -

En síntesis, lo que debes tener en cuenta a la hora de comenzar a **penetrar en el mercado** en *X* es:

Comunidad
- Identifica a los usuarios interesantes para tu negocio.

Diálogo
- Comienza una conversación con ellos.

Interacción
- Muéstrate útil y solvente. Sé una autoridad en el tema.

Una buena estrategia es poner en el buscador de *X* las **palabras clave** que mejor definan tu negocio para conocer cuántos usuarios están hablando en cada momento de tus productos e interactuar adecuadamente con los que sea necesario.

 **EJEMPLO**

En el caso de Puertas Luis, si hay 100 usuarios hablando de puertas no se trataría de hablar con esos 100 usuarios a la vez sino, por ejemplo, con 10 cada día comentando lo que comparten, reposteándolo, respondiendo a sus dudas… esta es una buena estrategia para dar a conocer su empresa y que otros usuarios comiencen a comprobar que tu empresa es una autoridad competente en la materia.

Con que destines 25 minutos al día a dialogar con otros usuarios es más que suficiente.

Observa los pasos a seguir para realizar esa **búsqueda por palabras clave:**

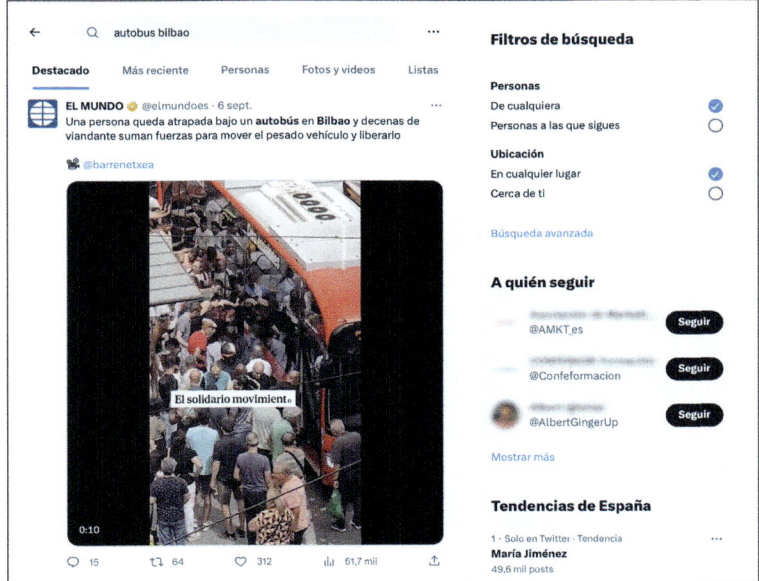

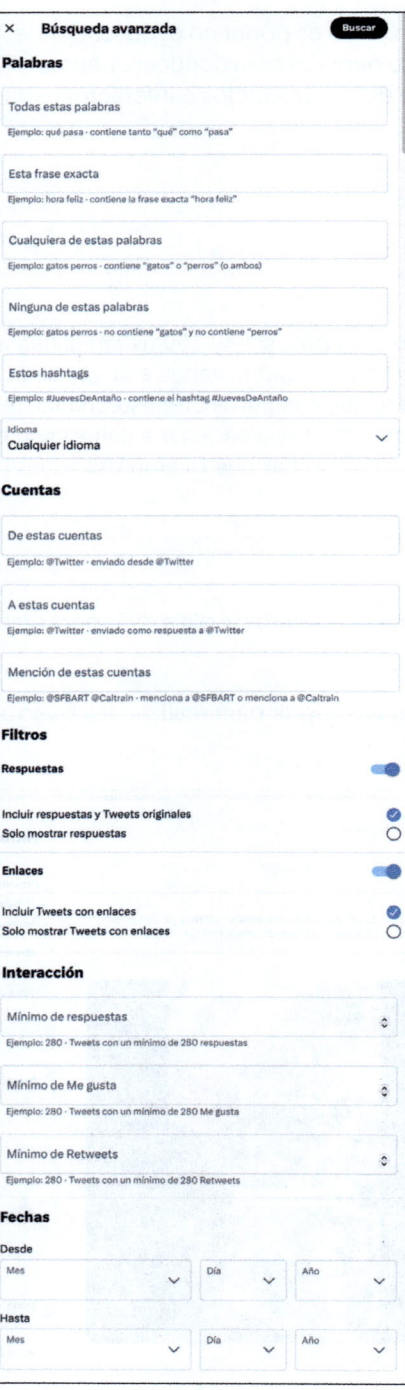

También es recomendable **crear listas de X** para organizar tu audiencia por grupos (ciudades, géneros, edades, aficiones...) y poder, así, lanzar campañas de *marketing* segmentadas y directas al usuario final. Si en estas listas incluyes a *influencers* e interactúas con ellos, es posible que alcances cierta notoriedad.

 **DEFINICIÓN**

Influencers
Usuarios muy influyentes en *X*, fundamentalmente por tener un número muy elevado de seguidores o por ser una autoridad en una materia determinada.

Para encontrar *influencers* en tu sector puedes utilizar herramientas gratuitas como *Followerwonk* o *Klear*.

PARA SABER MÁS

Accede a los siguientes enlaces para comenzar a utilizar alguna de las herramientas para encontrar *influencers:*

Followerwonk
https://redirectoronline.com/marketingtwitter0301

Klear
https://redirectoronline.com/marketingtwitter0302

A continuación, puedes ver el proceso que debe seguirse para crear una lista en *X* e incluir usuarios en ella.

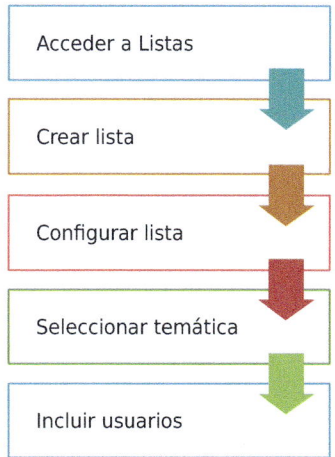

A continuación se explicarán de forma detallada cada uno de estos pasos para crear una lista en un dispositivo móvil. En un equipo de escritorio las listas se encuentran en la columna izquierda de la pantalla y el procedimiento es similar.

Para **acceder a las listas,** pincha sobre el icono de tu imagen de perfil de *X* y, en el desplegable, selecciona **Listas.**

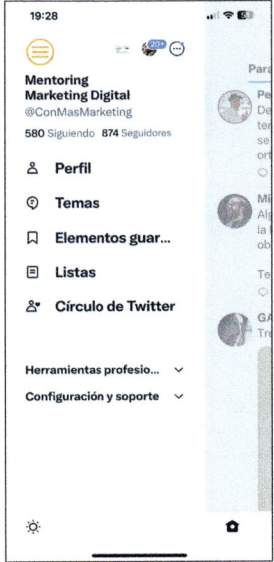

Para **crear una lista,** haz clic en el icono de color azul que aparece en la parte inferior derecha de la pantalla.

Para **configurar una lista,** elige un nombre y una descripción para tu lista, y decide si será una lista pública o privada.

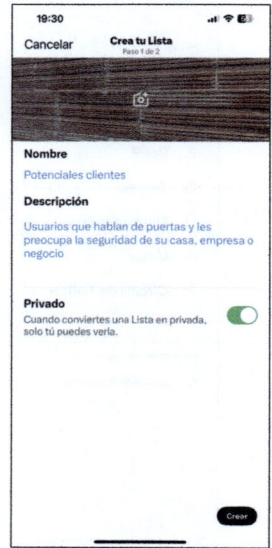

Para **seleccionar una temática** deberás buscar temáticas sobre las que escriban los usuarios que quieras añadir a tu lista.

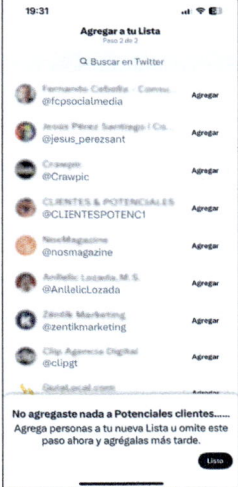

Para **incluir usuarios,** una vez que has seleccionado a un usuario, pon el puntero del ratón sobre los tres puntos suspensivos que aparecen en la imagen y, en el desplegable, selecciona 'añadir o quitar de una lista' para, a continuación, seleccionar la lista a la que quieras añadir a dicho usuario.

ACTIVIDAD COMPLEMENTARIA

6. ¿Crees que es buena idea crear muchas listas de *X*, segmentando a los usuarios según sus gustos, procedencias, sexo o edad? Reflexiona sobre esta cuestión y la utilidad que podría tener actuar de ese modo.

TAREA 6

Tienes una cuenta de *X* para promocionar tu negocio. A través del *marketing* en esta red social estás intentando conseguir mejores resultados para tu empresa. Para facilitar la interacción con los posibles clientes, has decidido organizar a dichos usuarios en listas.

Para ello, deberás:

- Crear dos listas de *X* relacionadas con el ámbito empresarial de tu negocio.
- Buscar y añadir a estas listas a 20 usuarios de *X* que tengan relación con el sector empresarial de tu negocio.

Además es importante que **participes en temas, foros o grupos** afines a tu empresa, aportando a la conversación **contenido de calidad.**

IMPORTANTE

Utiliza el buscador de *X* para encontrar temas interesantes para tu empresa, léelos, escucha y participa en la conversación, mostrándote como una empresa sociable.

Además, no te olvides de **postear tu participación en eventos fuera de *X*** que estén relacionados con tu marca, usando los *hashtags* —si los hay— propuestos por la organización del evento en cuestión. Esto puede hacer que tu reputación aumente y, quién sabe, encontrar nuevas oportunidades de negocio.

Para tener una correcta penetración en el mercado, a la hora de **escribir posts,** ten en cuenta lo siguiente:

Cuida las primeras palabras de un *post*
- Las primeras palabras de un *post* son determinantes porque son las que harán que tus seguidores —que reciben, diariamente, miles de *posts* de cientos de usuarios— lean o no tu *post,* por lo que debes hacer un uso adecuado de ellas.
Consejo: un truco es, cuando vayas a lanzar alguna oferta por ejemplo, que el *post* lo encabecen algunas de estas palabras: oferta, gratis, últimas unidades, descuento, oferta limitada, hazlo ahora, etc.

Cuida la cadencia de los *posts*
Es preciso cuidar la cadencia de los *posts*, evitando postear mucho y muy seguido y luego dejar que pasen varios días sin publicar absolutamente nada. La cadencia óptima depende de cada negocio, pero por norma general es recomendable escribir al menos entre 5 y 7 *posts* diarios, con un intervalo de una o dos horas de tiempo entre cada mensaje. En este aspecto es recomendable tener en cuenta los mejores horarios y días de la semana para postear según tu audiencia, algo que se puede comprobar fácilmente utilizando herramientas como *X Analytics o Audiense.*

Sé concreto
- Aunque recientemente *X* ha ampliado el número de caracteres que puedes escribir, pasando de 140 a 280, lo recomendable sigue siendo ser lo más concreto posible, ya que no siempre los *posts* más largos son los que más éxito tienen. De hecho, los *posts* más reposteados suelen tener entre 90 y 100 caracteres.

TAREA 7

Tienes una cuenta de *X* para promocionar tu negocio. A través del *marketing* en esta red social estás intentando conseguir mejores resultados para tu empresa. Para lograrlo tienes que aumentar tu visibilidad en la red y mantener la interacción con los usuarios y posibles clientes.

Para ello, deberás:

- Utilizar el buscador de *X* para encontrar a los 25 usuarios más influyentes que hablen de tu sector empresarial.
- Interactuar con los *influencers* localizados y los posibles clientes a través de la red.

---

4. Análisis e interpretación de datos

☞ HILO CONDUCTOR

@PuertasLuis ya ha comenzado a usar con asiduidad su cuenta de *X*, y su número de seguidores no para de crecer día a día.

Luis cree que su cuenta va bien, pero necesita asegurarse, y para ello, ha decidido comenzar a preparar informes de rendimiento. Pero, ¿cómo hacerlos?

Una vez que has comenzado a utilizar *X* con asiduidad es preciso llevar un **control de los resultados** de la cuenta de tu empresa en esta red social.

Para ello, debes establecer unas **métricas fácilmente identificables** para que, mes a mes, puedas evaluar el rendimiento de tu empresa en *X*.

Algunos **aspectos básicos a tener en cuenta** a la hora de analizar el rendimiento de tu cuenta en *X* son los siguientes:

Debes tener en cuenta el número de seguidores —especialmente el ritmo de crecimiento—, número de *reposts,* de 'me gusta', de menciones y de clics en los enlaces que hayas ido compartiendo a tu página web, es decir, las visitas a tu sitio web. Y es que es fundamental que tengas una página web profesional en la que muestres los servicios y productos de tu empresa.

 **DEFINICIÓN**

Mención
Acción de nombrar a un usuario en *X*.

Algunas herramientas interesantes para analizar el rendimiento de tu empresa en *X* son:

> **X Analytics**
> - Permite realizar análisis de datos.

> **HootSuite y Audiense**
> - Permiten generar informes de rendimiento de la cuenta.

> **Mention**
> - Monitoriza las menciones que se producen de la empresa no solo en X, sino en todo internet.

> **Tweriod**
> - Te indica cuándo es el mejor momento para lanzar contenido *(posts)*.

> **BuzzSumo**
> - Indica cómo de influyente es una cuenta en *X*.

RECUERDA

Es fundamental que tengas una página web profesional en la que muestres los servicios y productos de tu empresa.

 **VÍDEO**

A continuación, puedes ver un vídeo en el que se muestra cómo realizar el análisis del rendimiento de tu cuenta de *X* con una de las herramientas mostradas, *X Analytics.*

https://redirectoronline.com/marketingtwitter0303

 TAREA 8

Tienes una cuenta de *X* para promocionar tu negocio. A través del *marketing* en esta red social estás intentando conseguir mejores resultados para tu empresa. Para lograrlo tienes que analizar el rendimiento de tu cuenta de *X.*

Para ello, deberás registrarte en *X Analytics* y analizar el rendimiento de tu cuenta durante la última semana, generando un informe en el que se indique el rendimiento de tus *posts* con, al menos, los siguientes valores: número de *posts* lanzados, número de *reposts* obtenidos, alcance de los *posts* lanzados.

5. Resumen

En *X* es fundamental **identificar a los usuarios** que tengan relación con tu negocio —escriben sobre él, son profesionales del sector...—, mantener conversaciones con ellos y mostrarte como una empresa solvente y útil para el usuario o cliente.

Para tener una correcta penetración en el mercado, a la hora de **escribir posts,** ten en cuenta lo siguiente:

Te recomendamos que crees diversas **listas de usuarios en *X*** para que te sea más sencillo interactuar con ellos. Los pasos para crear una lista son los siguientes:

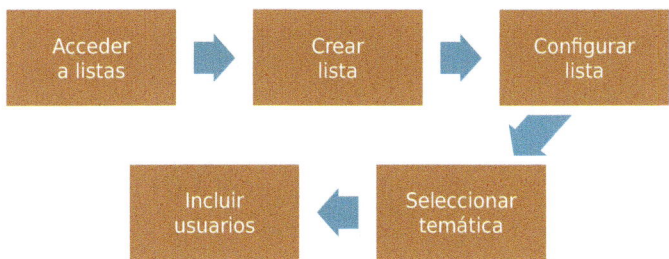

Además, es preciso que marques unos **objetivos cuantificables** y que vigiles, al menos mensualmente, la evolución de estos objetivos para realizar las mejoras que sean necesarias.

- **Usuarios interesantes:** ¿quién escribe sobre mi negocio?
- **Conversa con ellos:** postea y repostea sin pudor, pero sin cansar.
- **Mide tus objetivos:** sigue la evolución de tu cuenta.

Para llevar un **control de los resultados** de la cuenta de tu empresa en *X*, algunas herramientas interesantes para analizar el rendimiento son:

Ejercicios de autoevaluación
Unidad de Aprendizaje 3

1. ¿Qué es una tendencia en *X*?

   a. Algo que está de moda en *X*.
   b. Un tema de conversación que está pasando de ser poco conocido a muy conocido, por la comunidad de *X*.
   c. La línea de complementos de moda que los famosos muestran en sus perfiles de *X*.
   d. Es lo mismo que un *trending topic*.

2. ¿Qué es un *trending topic*?

   a. El tema más comentado del momento en *X*.
   b. Es lo mismo que una tendencia en *X*.
   c. Se trata de un tema que es tan comentado en *X* que llega a estar, en algún momento, entre los temas más comentados de esta red social.
   d. El tema más comentado en *X* durante, al menos, 1 hora.

3. ¿Dónde se encuentran las tendencias en las aplicaciones de *X* para telefonía móvil?

   a. En la sección Tendencias, dentro de la pestaña Explorar.
   b. En la sección Notificaciones.
   c. Al lado derecho de la pantalla.
   d. En la parte baja de la pantalla.

4. ¿Cuánto tiempo se debe destinar al día a dialogar con otros usuarios?

   a. Unos 45 minutos.
   b. Con 25 minutos es suficiente.
   c. No debo dialogar con otros usuarios.
   d. Diez minutos al día.

5. ¿Qué es *Klear*?

    a. Es una aplicación de edición de vídeo.
    b. Es una aplicación que permite encontrar *influencers.*
    c. Es una herramienta de edición de imágenes *online.*
    d. Es una aplicación de creación de contenido audiovisual.

6. ¿En *X* se pueden crear listas de usuarios?

    a. Depende de la versión de *X* que se tenga instalada.
    b. No, eso es una opción de la red social *Instagram.*
    c. Sí, y se pueden usar para clasificar a los usuarios según temáticas de interés.
    d. Sí, pero hay que pagar para activar esa opción.

7. ¿Qué debes tener en cuenta para tener una buena penetración en el mercado?

    a. Cuidar las primeras palabras de cada *post.*
    b. Ser concreto.
    c. Cuidar la cadencia de los mensajes.
    d. Todas las opciones son correctas.

8. ¿Cómo puedes difundir el contenido de una web profesional en *X*?

    a. Animando a otros usuarios a entrar en mi página web.
    b. No se puede difundir.
    c. Posteando el contenido de dicha página web.
    d. Creando imágenes y vídeos.

9. ¿Qué es una mención en *X*?

    a. Acción de nombrar a un usuario en *X,* poniendo la @ delante del nombre de usuario. Ejemplo: @Hector_Mendal.
    b. Es mencionar algún tema en *X.*
    c. Es repostear una publicación de una persona o empresa.
    d. Es abrir un tema de conversación con el objetivo de que se convierta en *trending topic.*

10. ¿Para qué sirve *Tweriod*?

     a. Para monitorizar el impacto de los *posts.*

     b. Para editar imágenes en *X.*

     c. Para conocer el mejor momento para lanzar contenido *(posts).*

     d. Para hacer listas de seguidores en *X.*

Diseña tu estrategia en X

Contenido

Objetivos

Los objetivos específicos de esta Unidad de Aprendizaje son:

→ Realizar una adecuada planificación de la estrategia en *X*.

→ Determinar el público objetivo al que debe dirigirse la empresa en *X*.

→ Interactuar con la comunidad de *X* adecuadamente, con el objetivo de que esta crezca y se afiance.

1. Introducción

X es una red social que puede ser muy efectiva para impulsar un negocio o vender un servicio o producto. Sin embargo, no basta con estar en *X* o lanzar mensajes de un modo indeterminado, cuando te acuerdes o tengas tiempo de atender tu cuenta en esta red social.

Como en todos los aspectos relacionados con el *marketing* empresarial, *X* también requiere de un **plan de acción** que, aunque debe ser **flexible,** es preciso seguir si quieres tener éxito.

De esta manera, es muy importante planificar el contenido que vas a compartir, el enfoque que vas a darle a tus *posts*, conocer a quién te vas a dirigir —desengáñate, no todo el mundo va a estar interesado en adquirir tu producto o servicio— y, también, crear una comunidad en torno a tu marca e interactuar con ella.

¿Estás realmente preparado/a para aumentar las posibilidades de conseguir que la cuenta en *X* de tu empresa sea un éxito? En esta unidad verás las acciones a llevar a cabo para conseguirlo.

Para el desarrollo del contenido nos basaremos en el caso de Luis, que tiene una pequeña empresa dedicada a la venta, instalación y reparación de puertas y cerraduras, llamada Puertas Luis.

2. Desarrolla los objetivos de tu estrategia

👉 HILO CONDUCTOR

Puertas Luis ha comenzado hace relativamente poco tiempo su aventura en *X*. Ha ido escribiendo algunos *posts*, interactuando con diversos usuarios, pero no acaba de arrancar...

Y es que no tiene una estrategia bien definida y eso puede hacer que su cuenta empresarial sea una más en el vasto océano de cuentas empresariales irrelevantes de *X*.

Como puedes ver, es importante planificar la estrategia que vas a seguir en X si quieres obtener un buen resultado.

A continuación, verás cómo planificar adecuadamente una estrategia de contenidos en X, que es la manera más efectiva de llegar a tus potenciales clientes y, en consecuencia, de aumentar las posibilidades de éxito y de captar ventas que, en suma, es de lo que se trata.

2.1. ¿Qué debe tener un plan de contenidos profesional?

Es recomendable que diseñes, con tiempo y sin prisa, un plan de contenidos y una estrategia para la comunicación de tu empresa en X. Dedica varios días si hace falta, consulta el tipo de contenido deberías compartir en X con tus clientes más afines, familiares, amigos e incluso con profesionales del *marketing* digital. En suma, haz un **estudio de mercado.**

Un plan de contenidos debe cubrir, al menos, estas premisas:

A continuación se analizarán cada una de estas premisas.

Información y noticias de interés

Algo tan común como dar a conocer el horario de apertura de la empresa, el número de teléfono, el correo electrónico o recordar la ubicación exacta de la misma es fundamental para conseguir atraer clientela.

Aunque parezca mentira, la mayoría de las empresas no difunden habitualmente estos datos.

Difusión de eventos

Debes difundir todos los eventos que se produzcan en la zona de influencia de la empresa, y que puedan ser de interés para el público objetivo: charlas, encuentros, ferias, etc.

Contenido de calidad

Tienes que generar contenido de calidad relacionado con el producto o con el ámbito empresarial de tu compañía.

Siempre es importante ofrecer a tus seguidores contenido útil, aportando unas dosis de creatividad e imaginación.

Promocionar tu sitio web

Promociona tu sitio web. Así conseguirás hacer de X una herramienta útil para atraer visitas a tu sitio web.

Ofertas y concursos

Tus seguidores en redes sociales deben sentirse apreciados, queridos, tener la sensación de que son exclusivos. Para ello, es recomendable planificar ofertas y concursos solo para tus seguidores.

Con una oferta semanal (no tienes por qué tirar la casa por la ventana...) lanzada siempre el mismo día de la semana, conseguirás enganchar a tus seguidores a tu perfil de X. Utiliza un *hashtag* para difundirla, por ejemplo: #ViernesGRATISPuertasLuis.

2.2. Consejos que te harán la vida más fácil a la hora de crear tus publicaciones

Como en casi todas las tareas que se deben llevar a cabo en una empresa, para un adecuado rendimiento del *marketing* en *X* has de **desarrollar una serie de hábitos.** Al principio te costará, pero si le das importancia a *X* y le

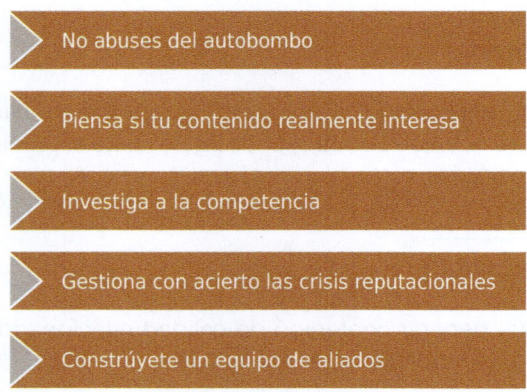

dedicas el tiempo suficiente, al final adquirirás estos hábitos.

A continuación se explican de forma detallada cada uno de estos aspectos.

No abuses del autobombo

X no es una plataforma para hablar de tu producto siete días a la semana, 24 horas al día. Es recomendable que el 70 % de los *posts* que lances tengan contenido relevante para tus seguidores (artículos o reportajes, vídeos, etc.), y que solo destines aproximadamente el 30 % de los *posts* a la autopromoción.

Recuerda que el objetivo principal de los usuarios de *X* es recibir noticias y promociones. Es muy útil determinar porcentajes de *posts* para diversos asuntos de interés para tus seguidores. Por ejemplo, 17 % de las publicaciones referentes al mundo del ocio, 20 % humorísticas pero políticamente correctas, 33 % actualidad enfocada a tu negocio, 30 % para hablar de tu negocio.

IMPORTANTE

X no es una red social apta para hablar de uno mismo las 24 horas del día, 7 días a la semana. ¡No abuses de la autopromoción comercial!

Piensa si tu contenido realmente interesa

Piensa si tu contenido, realmente, interesa a tus potenciales clientes.

Ponte en la piel de un cliente —alguien ajeno totalmente a tu empresa— y lee los últimos 10 *posts* que has lanzado. ¿Le interesarían?

Investiga a la competencia

Es importante vigilar qué están compartiendo tus competidores, si sus *posts* tienen éxito, cómo interactúan con la comunidad... así comprobarás qué tipo de contenido genera mejores resultados.

Gestiona con acierto las crisis reputacionales

Siempre habrá algunos usuarios a los que no les guste tu producto o tu marca, y que te lo quieran hacer saber. Algunos serán educados, otros no.

Debes tener preparadas unas pautas para actuar en caso de 'ataques' a tu producto, y seguirlas llegado el momento. Es recomendable redactar varias respuestas tranquilas y educadas a posibles problemas con tus productos que sean fáciles de prever.

Constrúyete un equipo de aliados

Constrúyete un equipo de confianza para replicar tus mensajes e interactuar con tu marca.

Un truco es que cada empleado tenga una cuenta propia en *X* —igual de bien construida y con la misma estrategia que la cuenta de la empresa—, y que tengan la misión durante su jornada laboral de repostear algunos *posts* de la empresa e interactuar con esta en *X*, para ejercer de animadores de la conversación.

 TAREA 9

Tienes una cuenta de *X* para promocionar tu negocio. A través del *marketing* en esta red social estás intentando conseguir mejores resultados para tu empresa. Para ello, ten muy en cuenta la planificación.

Por ello, deberás:

- Determinar qué tipo de contenido vas a publicar en tu cuenta de *X*.
- Elaborar una estrategia para gestionar adecuadamente una crisis de reputación en *X*.

3. Determina tu público objetivo

 HILO CONDUCTOR

Luis ya tiene claro qué es lo que quiere publicar en *X* y cómo hacerlo, pero no sabe a qué tipo de seguidores debe dirigirse.

¿Cómo podrá saber a qué público objetivo ha de dirigirse en *X*?

Desengáñate, tu público objetivo no son hombres y mujeres a partir de 18 años. No todo el mundo va a estar interesado en comprar tus productos y, por supuesto, no todos los usuarios de *X* querrán seguirte.

Una vez que has aterrizado, vas a ver cómo determinar tu público objetivo en *X*. Para ello, tienes diferentes opciones:

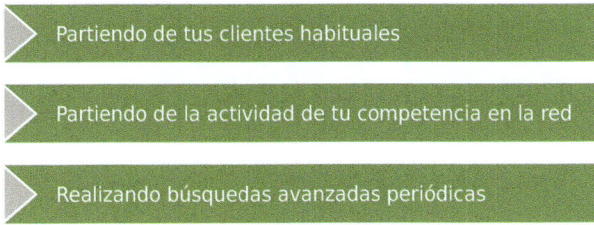

¿Sabes realmente cuál es el público objetivo de tu empresa fuera de *X?*

Para empezar lo primero que tienes que hacer es un **estudio de mercado entre tu clientela** habitual: pregunta a tus clientes si tienen *X*.

El objetivo es conseguir una **buena base de datos de tus propios clientes.** Si tienes dudas legales sobre el tratamiento de los datos consulta con un experto en Protección de Datos cómo tienes que realizar la encuesta.

 CONSEJO

Diseña una pequeña encuesta y anima a tus clientes a rellenarla. Con que te faciliten nombre, edad, correo electrónico y te indiquen si son o no usuarios de *X* es suficiente. Debes informarles del uso que vas a hacer con los datos. En este caso serán utilizados exclusivamente para uso interno de la empresa, y para enviarles ofertas.

Una vez que tengas una buena base de datos de clientes que utilizan *X,* debes **comenzar a seguirles.** Puedes encontrarles fácilmente a través de una sencilla función de la aplicación de *X,* que permite **buscar usuarios a través de la lista de contactos del correo electrónico** de tu empresa. Para ello, carga primero los datos de tus clientes en tu libreta de contactos del correo electrónico. Una vez hecho esto, ya puedes buscarlos en *X* a través de:

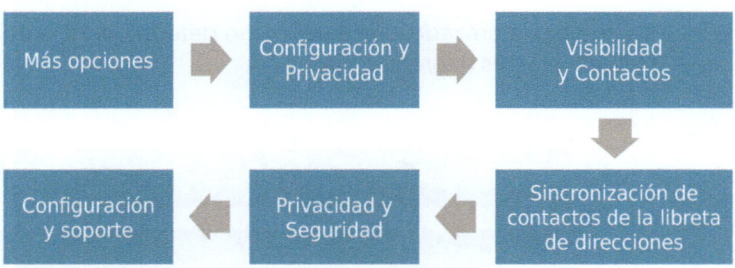

 ## ACTIVIDAD COMPLEMENTARIA

7. Utiliza *X* para cargar en él la base de datos de correos electrónicos de tus clientes.

Como has visto, es preciso **vigilar a tu competencia...** y comenzar a seguir a sus seguidores, que también forman parte de tu público objetivo. Investiga qué *hashtags* ha utilizado tu competencia, rastrea qué usuarios los han utilizado o han interactuado con tu competencia cuando ha lanzado dichos *hashtags...* y sigue a esos usuarios también.

Es importante que mantengas una vigilancia constante de lo que está haciendo tu competencia en X.

Otra acción que debes llevar a cabo es usar la **herramienta de búsqueda avanzada** de *X* para encontrar y seguir a usuarios que tengan intereses parecidos a los de tu empresa.

CONSEJO

Guarda esas búsquedas para repetirlas periódicamente.

- -

Una vez que hayas realizado estas acciones, es muy útil **organizar a los seguidores por listas,** así podrás organizar a tu audiencia por grupos de interés: zona geográfica, géneros, aficiones, profesiones...

Ya sabes todo lo necesario para determinar tu público objetivo en X así que... ¡a rastrear y seguir!

TAREA 10

Tienes una cuenta de X para promocionar tu negocio. A través del *marketing* en esta red social estás intentando conseguir mejores resultados para tu empresa. Para ello, deberás tener claro a quién vas a dirigirte.

Por ello, deberás determinar quién es tu público objetivo en esta red social.

- -

4. La comunidad

HILO CONDUCTOR

Puertas Luis ha comenzado con buen pie su andadura en X. Ya tiene trazada su estrategia y ha encontrado y clasificado a miles de usuarios que podrían estar interesados en su producto.

Ahora llega lo más difícil: conseguir una comunidad activa y creciente.

- -

La tarea más difícil para una empresa en *X*, y en la que muchas empresas fracasan, es conseguir una **comunidad activa, creciente e influyente.** A continuación, podrás ver algunas pautas para intentar conseguirlo, aunque ninguna de ellas será efectiva si no haces lo siguiente: trabajarla, trabajarla y trabajarla.

El éxito de las empresas en *X* reside en los siguientes aspectos:

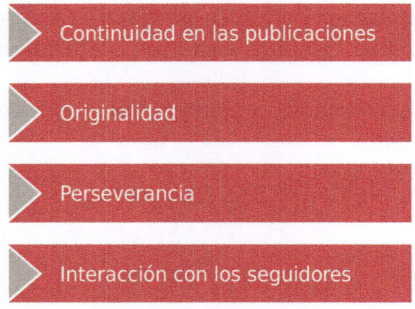

Continuidad en las publicaciones

Originalidad

Perseverancia

Interacción con los seguidores

Teniendo en cuenta esos aspectos podrás conseguir una **comunidad activa, creciente e influyente.** Además, es importante tener en cuenta algunas pautas clave que te ayudarán a conseguirlo.

APLICACIÓN PRÁCTICA

Román sigue a una cuenta muy importante en *X*, que es todo un referente y experto en la red social. Ha visto que esta recomienda no seguir a muchos usuarios. La verdad es que él sigue a bastantes, pero son cuentas muy interesantes, de las que está aprendiendo mucho y le están siendo de gran utilidad. ¿Qué debería hacer Román al respecto?

a. Dejar de seguir a los usuarios que no le siguen a él.
b. Seguir a quien quiera, el número de seguidores o seguidos solo los ve él, es un dato privado.
c. Seguir a quien pueda aportarle valor, independientemente de que le sigan o no a él.

Continúa en página siguiente >>

<< Viene de página anterior

d. Seguir a quien pueda aportarle valor, publicar contenido e interactuar con esas cuentas, para que estas le vean interesante y también comiencen a seguirle.

SOLUCIÓN

Aunque haya gurús que te digan que da mala imagen seguir a muchos usuarios, no les hagas ni caso. Tu objetivo no es ser *posts stars,* sino vender. Así que sigue e interactúa con usuarios que te seguirán si tu contenido es relevante. Si les resultas interesante, habrás ganado un seguidor y, posiblemente, un cliente.

- -

Tres **claves fundamentales** para alcanzar el éxito son las siguientes:

Aportar buen contenido
- Aporta buen contenido para tu público objetivo, y no dudes en repostear aquellos mensajes de tus seguidores que más te gusten. ¡Incluso a los de la competencia!

Seguir a quien aporte valor
- Habrá gurús que te digan que da mala imagen seguir a muchos usuarios, no les hagas ni caso. Tu objetivo no es ser *posts stars,* sino vender. Así que sigue e interactúa con usuarios que te seguirán si tu contenido es bueno. Si les resultas interesante, habrás ganado un seguidor y, posiblemente, un cliente.
- Eso sí, ten cuidado de no seguir a cuentas inactivas o que publiquen en otros idiomas, ya que no te aportarán nada y empeorarán tu ratio entre seguidores y seguidos. Para detectarlas y eliminarlas de modo masivo puedes utilizar herramientas como *Audiense o Followerwonk.*

Aportar valor a tus seguidores
- Si no aportas valor, tu empresa está muerta en *X.* Nadie sigue a cuentas poco interesantes o que no aporten nada nuevo a su vida.

 DEFINICIÓN

Followerwonk
Con esta herramienta se pueden analizar los usuarios a los que sigues desde la cuenta. La herramienta muestra la última fecha de publicación con lo que podrás limpiar tu cuenta de aquellos usuarios que ya no están activos.

Además, para potenciar la imagen de tu empresa en *X* es recomendable que participes, de manera *online* y también *offline,* en **eventos importantes de tu sector empresarial:** congresos, encuentros, ferias, festivales, seminarios, conferencias importantes... Puedes seguir estas recomendaciones:

- Acude y habla en ellos de tu empresa.
- Participa en la conversación en *X* sobre estos eventos utilizando los *#hashtags* que determine la organización.
- Menciona a otras cuentas que también estén participando.
- Repostea lo que consideres más interesante.

De esta manera conseguirás **aumentar la visibilidad de tu marca y tus productos,** a la vez que también aprenderás y te enriquecerás mediante las experiencias y comentarios del resto de usuarios. Participar en este tipo de eventos te da la posibilidad de **aumentar tu comunidad en *X*** y, como es obvio, **mejorar la interacción** de los usuarios con tu cuenta y, quizá, captar nuevos clientes.

 EJEMPLO

Puertas Luis ha acudido a Expo Seguridad, y ha posteado lo siguiente: "Aprendiendo de los mejores y demostrando, en #ExpoSeguridad, que puedes blindar tu casa sin gastarte un dineral".

También es preciso dedicar un tiempo a conocer a los **usuarios más relevantes** sobre tu nicho de mercado: qué cuentas son las más activas y quiénes son los **referentes en *X* para tu sector** empresarial.

Aprende de ellas, capta información de interés y difúndela mencionando, siempre, a las fuentes. Así encontrarás temas de conversación relevantes, y quién sabe si alguno de estos gurús puede comenzar a seguir a tu cuenta...

Es importante seguir a las cuentas más influyentes del propio sector empresarial e interactuar con ellas, aunque no se esté de acuerdo con todo lo que publican. (© Fotografía: chrisdorney / Shutterstock.com)

4.1. Tipos de *posts* que puedes utilizar

Estos son los principales tipos de *posts* que pueden ayudarte a afianzar y hacer crecer tu comunidad en *X:*

Preguntas	Enlaces
- Es una forma muy buena de comenzar conversaciones con tus seguidores.	- Comparte contenido de calidad.

Continúa en página siguiente >>

<< Viene de página anterior

Citas
- Rastrea internet en busca de citas inspiradoras sobre tu sector empresarial. Las citas de personajes relevantes suelen funcionar muy bien en *X*.

Fotos y vídeos
- El contenido multimedia funciona excepcionalmente bien en las redes sociales. Crea vídeos e imágenes de calidad y difúndelas.

 EJEMPLO

Observa estos ejemplos de diferentes tipos de *posts*:

Post con pregunta

https://redirectoronline.com/marketingtwitter0401

Post con cita

https://redirectoronline.com/marketingtwitter0402

Post con enlace

https://redirectoronline.com/marketingtwitter0403

Post con contenido multimedia

https://redirectoronline.com/marketingtwitter0404

SABÍAS QUE...

Los contenidos audiovisuales no solo son más atractivos visualmente para tu empresa, sino que además proporcionan valor añadido para tus seguidores.

Además también es recomendable que utilices X como **servicio de atención al cliente.** Desde el mismo momento en el que una empresa inicia su andadura en X, los usuarios usan esta red social como una vía de comunicación con la empresa.

IMPORTANTE

Si incorporas la atención al cliente a través de X cuando un usuario te haga preguntas sobre tus productos o exponga alguna queja, debes contestarle si no quieres que la imagen de tu marca se vea dañada.

En este sentido, ten en cuenta que no todos los usuarios van a hablar de tu marca en X nombrando específicamente a tu cuenta de usuario (@PuertasLuis), sino que habrá algunos que simplemente nombren a Puertas Luis, por lo que regularmente debes utilizar el buscador de X para rastrear si hay usuarios que te están nombrando utilizando el nombre real de tu empresa.

NOTA

También puedes utilizar aplicaciones como *HootSuite* o *Mention* para hacer este tipo de búsquedas.

ACTIVIDAD COMPLEMENTARIA

8. Lo más importante a la hora de gestionar una cuenta corporativa en *X* es tener una estrategia adecuada. Redacta un plan de contenidos para las siguientes dos semanas para tu cuenta corporativa.

 ## TAREA 11

Tienes una cuenta de *X* para promocionar tu negocio. A través del *marketing* en esta red social estás intentando conseguir mejores resultados para tu empresa. Para conseguirlo deberás interactuar con los usuarios, con el fin de crear una comunidad alrededor de tu marca.

Para ello, localiza dos cuentas de usuario que sean influyentes en tu sector e interactúa con ellas nombrándolas en tus *posts* y contestando a dos de sus últimos *posts*, aportando contenido de valor.

---

5. Resumen

Para tener más posibilidades de éxito en *X* es necesario que redactes un **plan de contenidos** serio y profesional.

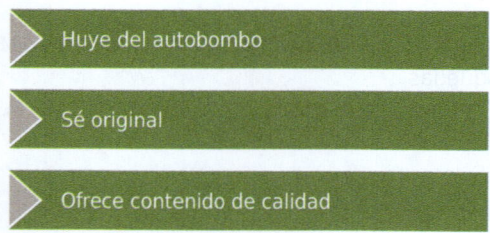

Huye del autobombo

Sé original

Ofrece contenido de calidad

Continúa en página siguiente >>

<< Viene de página anterior

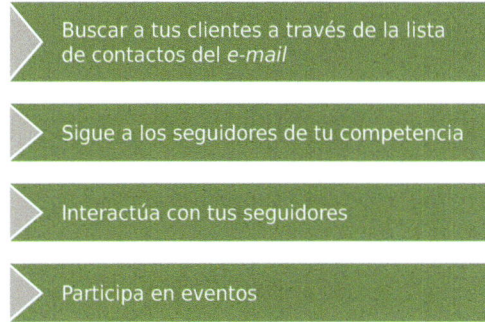

Buscar a tus clientes a través de la lista de contactos del *e-mail*

Sigue a los seguidores de tu competencia

Interactúa con tus seguidores

Participa en eventos

Este debe cubrir, al menos, las siguientes premisas:

- Información y noticias de interés
- Difusión de eventos
- Contenido de calidad
- Promocionar tu sitio web
- Ofertas y concursos

La tarea más difícil para una empresa en *X*, y en la que muchas empresas fracasan, es conseguir una **comunidad activa, creciente e influyente.**

Para ello, debes tener claros tus **objetivos** y cuál es el **público** al que tienes que dirigirte. Para determinarlo tienes diferentes opciones:

- Partiendo de tus clientes habituales
- Partiendo de la actividad de tu competencia en la red
- Realizando búsquedas avanzadas periódicas

Además, el éxito de las empresas en *X* reside en la **continuidad en las publicaciones, la perseverancia, la originalidad y la interacción con los seguidores.** Los tipos de *posts* que pueden ayudarte a afianzar y hacer crecer tu comunidad en *X* son los siguientes:

| Preguntas | Citas | Enlaces | Fotos y vídeos |

Ejercicios de autoevaluación
Unidad de Aprendizaje 4

1. ¿Qué es un plan de contenidos?

    a. Un estudio de *marketing* aplicado a X.

    b. Un plan para publicar mejores contenidos que los de la competencia en X, que se ha de desarrollar con profesionales del *marketing online*.

    c. Una planificación de qué tipo de publicaciones quieres compartir en el perfil de X de tu empresa.

    d. Una campaña de publicidad pagada en X.

2. ¿Un plan de contenidos debe incluir información y noticias sobre la competencia?

    a. No, porque el plan de contenidos solo hace referencia a la propia empresa.

    b. No, porque entonces la competencia descubrirá la estrategia de *marketing*.

    c. No, porque eso podría hacer que la competencia ganase seguidores.

    d. Sí, así se dispone de información sobre lo que hacen.

3. ¿Cómo se puede determinar el público objetivo de una empresa en X?

    a. Haciendo una encuesta a los clientes actuales.

    b. El público objetivo son mujeres y hombres de 18 a 65 años, ya que son los usuarios de esta red social.

    c. Es imposible saberlo.

    d. Pagando a una agencia de publicidad.

4. ¿Es necesario espiar a la competencia?

    a. Sí, es importante saber qué hace.

    b. No, está prohibido.

    c. Sí, para criticar sus prácticas.

    d. Sí, para robarle seguidores en X.

5. ¿Para qué se puede usar la herramienta de búsqueda avanzada de X?

    a. Para encontrar y seguir a usuarios que tengan intereses parecidos a los de una empresa.
    b. Para encontrar tendencias en X.
    c. Para encontrar a la competencia en X.
    d. Para ganar más seguidores.

6. ¿Cuál es la tarea más difícil en X?

    a. Crear listas de X de usuarios influyentes.
    b. Conseguir una comunidad activa, creciente e influyente.
    c. Elaborar contenido multimedia de calidad.
    d. Conseguir que te sigan muchos usuarios.

7. ¿Qué puedes hacer para potenciar la imagen de tu empresa?

    a. Participar de manera *online* y también *offline* en eventos importantes de tu sector empresarial.
    b. No interactuar con nadie, dedicarse solo a publicar contenido.
    c. Dedicarte exclusivamente a crear ofertas de empleo en X.
    d. Seguir masivamente a cientos de miles de usuarios.

8. ¿Qué puede dañar la imagen de tu empresa en X?

    a. No dar servicio de atención al cliente.
    b. Escribir con faltas de ortografía.
    c. Enviar contenido multimedia.
    d. Todas las opciones son correctas.

9. ¿Cómo puedes rastrear si hay usuarios de X que están hablando de tu empresa, sin mencionar a tu cuenta de usuario?

    a. Haciendo una búsqueda en *Google.*
    b. Usando el buscador de X.
    c. Examinando las tendencias de X.
    d. Con *TweetDeck.*

10. ¿En qué reside el éxito de las empresas en *X*?

    a. Únicamente en publicar contenido de calidad.

    b. Exclusivamente en la continuidad en las publicaciones y el contenido de calidad.

    c. En el contenido de calidad, la continuidad en las publicaciones, la perseverancia, la originalidad y la interacción con los seguidores.

    d. En el número de seguidores que tienen.

Construye tu plan en X

Contenido

Objetivos

Los objetivos específicos de esta Unidad de Aprendizaje son:

→ Realizar una adecuada planificación de *marketing* en *X*.

→ Planificar una campaña de *marketing* en *X*.

→ Crear una campaña de *marketing* efectiva en *X Ads*.

1. Introducción

X es una red social que puede resultarte muy efectiva para **impulsar el** *marketing* **y la imagen corporativa** de tu empresa entre tus usuarios. Sin embargo, al igual que ocurre en los negocios *offline,* para tener éxito y conseguir ventas a través de X es necesario tener un **plan de** *marketing* establecido y seguir una serie de pautas.

¿Estás listo/a para comenzar a vender en X? A lo largo de la presente unidad adquirirás los conocimientos para desarrollar tu propio plan de *marketing* en X, que va más allá del plan de contenidos que ya sabes poner en marcha.

En esta unidad conocerás algunos trucos de *marketing* para conseguir atraer a tu clientela en X y conseguir conversiones que se traduzcan en ventas. Además, verás cómo planificar e impulsar tus campañas de *marketing* digital a través de la plataforma de publicidad pagada de X, X Ads.

Para el desarrollo del contenido nos basaremos en el caso de Luis, que tiene una pequeña empresa dedicada a la venta, instalación y reparación de puertas y cerraduras, llamada Puertas Luis.

2. Objetivos

 HILO CONDUCTOR

Luis lleva ya varios meses haciendo un buen uso de X. Sin embargo, tiene demasiado *stock* de un producto determinado y ha decidido comenzar a promocionarlo en esta red social con el objetivo de aumentar sus ventas. ¿Cómo hacerlo?

Para comenzar a desarrollar el plan de *marketing* de tu empresa en X debes, en primer lugar, marcarte una serie de **objetivos realizables y medibles.** Básicamente, debes plantearte las siguientes preguntas:

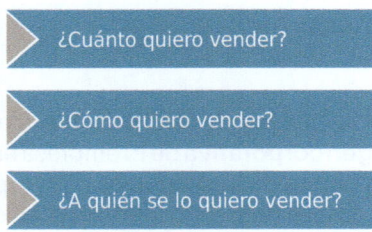

Las redes sociales continúan ganando peso como canal de ventas. Así lo demuestran las cifras:

⮑ El usuario promedio de *X* sigue a siete empresas.
⮑ El 72 % de los usuarios ha mencionado alguna vez a alguna marca en al menos un *post.*
⮑ El 70 % reconoce que han realizado alguna acción respecto a alguna marca tras verla mencionada en *X.*

Como ves, *X* puede ser un buen **canal de ventas para tu empresa.**

Lo primero que tienes que hacer es **encajar tu estrategia de *marketing* en *X* dentro de la estrategia global** de *marketing* de tu empresa. De esta manera podrás asignar recursos, saber si puedes contratar a un *community manager* que gestione tu cuenta y cuánto dinero puedes destinar a campañas de publicidad.

Además, en *X* puedes conectar con *bloggers, influencers* o periodistas para fines publicitarios. Una vez que tengas esto decidido estarás en disposición de responderte a las preguntas planteadas.

2.1. ¿Cuánto quiero vender?

Para comenzar, ponte un **objetivo modesto,** como podría ser conseguir en *X* entre un 3 y un 5 % de las ventas de tu negocio. Márcate alcanzar este objetivo de ventas a **medio plazo,** no esperes conseguirlo en apenas tres meses, sé consciente de que promocionar un producto o servicio en *X* requiere tiempo si la marca no es conocida de antemano.

2.2. ¿Cómo quiero vender?

En *X*, lo que mejor funciona es cuidar a la comunidad ofreciendo contenido de calidad, siendo amable, gracioso y persistente. Tu objetivo debe ser **construir una opinión positiva** sobre tu empresa, servicios o productos, es decir, utilizar *X* como una **herramienta de relaciones públicas.**

NOTA

Debes conseguir construir una auténtica comunidad, con seguidores que puedan aportar sus ideas innovadoras sobre tus servicios, productos o estrategia global de *marketing* en *X*.

También puedes utilizar *X* para generar una **base de datos de tus posibles compradores** ofreciendo, por ejemplo, descuentos o material exclusivo si se registran en tu página web. De esta manera, posteriormente, podrás realizar acciones de *e-mail marketing* para conseguir ventas en otro canal adicional.

En relación al contenido de calidad que ofrezcas, hay una serie de **factores que te pueden ayudar a obtener éxito** en tus ventas mediante tus *posts*:

A continuación, se analizará cómo estos factores pueden ayudarte a tener éxito en las ventas.

Concisión

Como has visto, es preferible que los ***posts* que lances sean cortos,** y mucho más si están enfocados a potenciar un producto o servicio determinado. Los *posts* con menos de 100 caracteres tienden a obtener mayores conversiones, aunque todavía es pronto para indicar cómo afecta a este hecho el reciente cambio de *X* de pasar de 140 a 280 caracteres.

 DEFINICIÓN

Conversión
Acción realizada por un usuario en una página web. Se refiere a lo que el propietario del sitio web considere valioso: completar un formulario, descargar un cupón, que el usuario realice una compra, etc.

Llamar la atención

En cualquier caso, cuando decidas promover un enlace, artículo o servicio, debes comenzar el *post* escribiendo una **breve descripción que consiga enganchar** a tus seguidores.

#hashtags

Asimismo, es recomendable **utilizar #hashtags,** que son una forma muy útil de llegar a usuarios interesados en un contenido determinado que todavía no siguen a tu empresa en *X*. Puedes seguir las tendencias más importantes del día en *X* para colocar en ellas tus propios mensajes, o puedes utilizar hashtags específicos, como por ejemplo, en el caso de Puertas Luis, #HogarSeguro.

Despertar curiosidad

Un truco para conseguir conversiones en una página web es no informar claramente del producto o servicio sobre el que se está hablando en el *post,* provocando que puede hacer que el receptor tenga curiosidad y acabe pinchando en el enlace que lleve a tu página web. El enlace puede estar dirigido a la página web de tu empresa, a la del servicio o producto, a una página en la que se explique la oferta e incluso, si la tienes, a la tienda *online* para que el cliente haga la compra directamente. También conviene publicar varias veces cada mensaje, realizando pequeñas variaciones y distribuyéndolo en diferentes horas y días.

Eslogan de marca

También es aconsejable generar un eslogan de marca, que sea corto e imaginativo, con el objetivo de incluirlo periódicamente en tus mensajes publicitarios. A base de estar asociado al nombre, imagen, eslogan y mensajes de una marca, un usuario de *X* va familiarizándose con estos mensajes. Si escuchas, por ejemplo, "Yo no soy tonto", seguro que te viene a la cabeza *Media Markt,* ¿verdad? Tu empresa puede conseguir un efecto similar entre tu comunidad de seguidores.

Sin embargo, ten en cuenta una cosa: *X* es un canal en el que los consumidores están expuestos únicamente a los mensajes de las marcas que deciden seguir, a no ser que realices campañas de publicidad de pago, como verás más adelante.

En suma, si quieres conseguir que tus seguidores se familiaricen con tu marca, debes ofrecer contenido de calidad.

◎ EJEMPLO

Observa este *post* en el que se siguen los consejos dados:

"¿Quieres blindar a los tuyos esta #Navidad? Ni los caminantes blancos de #GameOfThrones derribarán el MURO que pondremos en tu casa. #Puertas de calidad con #PuertasLuis".

2.3. ¿A quién se lo quiero vender?

Es primordial que conozcas a tu público objetivo en *X*. Una vez que lo tengas bien definido, debes **adecuar los contenidos a sus gustos y preferencias,** ya que no es lo mismo, por ejemplo, intentar venderle algo a una persona de 65 años sin estudios que a una de 20 años.

Es preciso identificar el público objetivo en X, para conseguir atraerlo hacia tu marca.

 CONSEJO

A la hora de crear imágenes publicitarias para *X* es importante que utilices, siempre, la misma tipografía y tono de color corporativo. Además, es recomendable estructurar la imagen de manera que el usuario tenga que hacer un recorrido visual en forma de Z, ya que es la forma más efectiva y clara de leer una imagen en *X*.

- -

 ACTIVIDAD COMPLEMENTARIA

9. Analiza los usuarios de *X* que podrían estar interesados en tu negocio con el fin de determinar cuál podría ser tu público objetivo.

- -

 **TAREA 12**

Tienes una cuenta de *X* para promocionar tu negocio. A través del *marketing* en esta red social estás intentando conseguir mejores resultados para tu empresa, por lo que tienes que realizar una adecuada planificación del *marketing* en la misma.

Para ello, deberás:

- Establecer los objetivos que quieres conseguir.
- Determinar cómo quieres vender tus productos.
- Adecuar los contenidos a los gustos y preferencias de tu público objetivo.

Por lo tanto, realiza una planificación teniendo en cuenta esos aspectos. Además, ejemplifica la forma en que los llevarás a la práctica.

3. Cómo crear una campaña efectiva

☞ HILO CONDUCTOR

Luis ya sabe qué, cómo y a quién quiere venderle el producto del cual tiene demasiado *stock*. Pero, ¿cómo crear una campaña de *marketing* eficaz para conseguirlo?

Para trazar una campaña de *marketing* en *X* realmente efectiva debe hacerse una **calendarización** exhaustiva y **preparar los materiales y contenidos** a difundir con mimo y antelación, definiendo bien las **fases de la campaña.**

En todas las fases es muy importante la **difusión de contenido de calidad, vídeos e imágenes.** Cuanto más material de calidad puedas generar, más probabilidades tendrás de que la campaña sea un éxito.

 **CONSEJO**

Si no puedes generar mucho material de calidad es preferible lanzar menos contenido, pero de calidad óptima para conseguir atraer la atención de los usuarios.

3.1. Fases de la campaña

Las fases de la campaña, que deben definirse bien, son las siguientes:

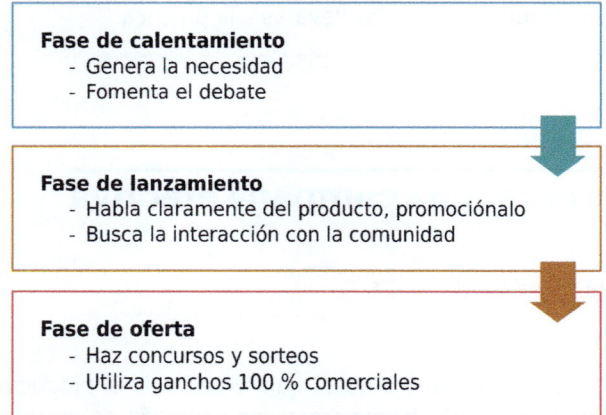

Fase de calentamiento
- Genera la necesidad
- Fomenta el debate

Fase de lanzamiento
- Habla claramente del producto, promociónalo
- Busca la interacción con la comunidad

Fase de oferta
- Haz concursos y sorteos
- Utiliza ganchos 100 % comerciales

A continuación se analizarán cada una de estas fases.

Fase de calentamiento

En esta fase, que puede durar días o incluso semanas —dependiendo del tipo de producto— tienes que ser capaz de generar deseo en el usuario, que este comience a tomar conciencia de que "necesita" tu producto.

No se trata, por lo tanto, de vender directamente el producto o servicio, sino de **generar una necesidad.**

👁 EJEMPLO

Puertas Luis quiere vender una nueva puerta blindada. Para ello ha preparado una serie de *posts* para lanzar en esta primera fase, de este estilo: "¿Crees que la puerta de madera de tu casa protege realmente a tu familia?".

En esta fase es muy importante **crear debate entre la comunidad,** con lo que conseguirás atraer la atención de tus seguidores.

Fase de lanzamiento

En esta fase comenzarás a **hablar claramente del producto,** explicando sus bondades mediante enlaces a tu sitio web, imágenes, vídeos, etc. Es aconsejable hacer especial hincapié en las novedades que este producto pueda traer al mercado: innovaciones tecnológicas, sensaciones, etc.

También es importante asistir a eventos del sector para **promocionar allí el producto,** lo que tendrá su reflejo en *X*. También puedes hacer una presentación exclusiva para tus seguidores en *X*.

Fase de oferta

Esta fase puede utilizarse como salvavidas, si las dos primeras no han ido del todo bien. Consiste en **difundir algún tipo de descuento u oferta** del producto o servicio. Se aconseja realizar **sorteos y concursos** entre los seguidores de la cuenta de la empresa, poniéndoles como requisito que reposteen algún mensaje determinado o difundan el producto con un *hashtag*.

En esta fase funcionan muy bien los mensajes que comiencen con palabras como "oferta", "últimas unidades", "oportunidad", "descuento", "gratis", etc., en definitiva, puedes utilizar diversas palabras como gancho comercial. Eso sí, por favor, nunca utilices expresiones como "yo no me lo perdería", "no te lo puedes perder"... porque es probable que te encuentres con respuestas como "pues yo sí me lo voy a perder, ¿qué pasa?".

TAREA 13

Hamish tiene un negocio en el que vende todo tipo de productos ecológicos y cosméticos naturales. A través del *marketing* en X está intentando conseguir mejores resultados para su empresa, por lo que va a crear una campaña de *marketing* en esta red social. ¿De qué forma podrá llevar a cabo dicha campaña?

Planifica una campaña para el negocio de Hamish, definiendo cada una de las fases que tiene que llevar a cabo (calentamiento, lanzamiento y oferta) y ejemplificando cada una de ella.

3.2. La importancia de *X Ads*

Como en la inmensa mayoría de las estrategias de *marketing* digital, para que una campaña tenga éxito es necesario impulsarla a través de la **publicidad de pago.** Las redes sociales son una plataforma publicitaria más para promocionar un determinado producto o servicio, al igual que lo son los anuncios en prensa, radio, televisión, las vallas publicitarias, carteles, etc.

Como no podía ser de otra manera, X tiene su propia plataforma de publicidad de pago, que es un motor importante para una campaña de *marketing*. Pero cuidado, es solo eso, un motor... la carrocería es tu producto y tu plan de *marketing* y de contenidos es la dirección.

La publicidad ha ido evolucionando y adaptándose a los nuevos medios existentes, como las redes sociales, para llegar a un público más amplio y variado.
(© Fotografía: TonyV3112 / Shutterstock.com)

IMPORTANTE

Debes ver esta herramienta como un complemento, de tu estrategia global en *X*.

Para utilizar *X Ads* debes llevar a cabo este **proceso:**

A continuación, se analizarán cada uno de estos pasos.

Accede a *X Ads*

Para acceder a *X Ads* debes hacer clic en el icono de tu perfil de *X* y, en el desplegable, seleccionar *X Ads.*

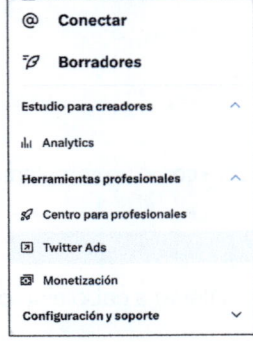

Elige país, zona horaria y moneda

Al acceder por primera vez a la aplicación publicitaria de *X* debes cumplimentar los datos de facturación. Ten cuidado en rellenarlos correctamente para evitar cargos indebidos en tu forma de pago y evitar problemas a la hora de desgravarte las facturas en caso de que seas una empresa o autónomo.

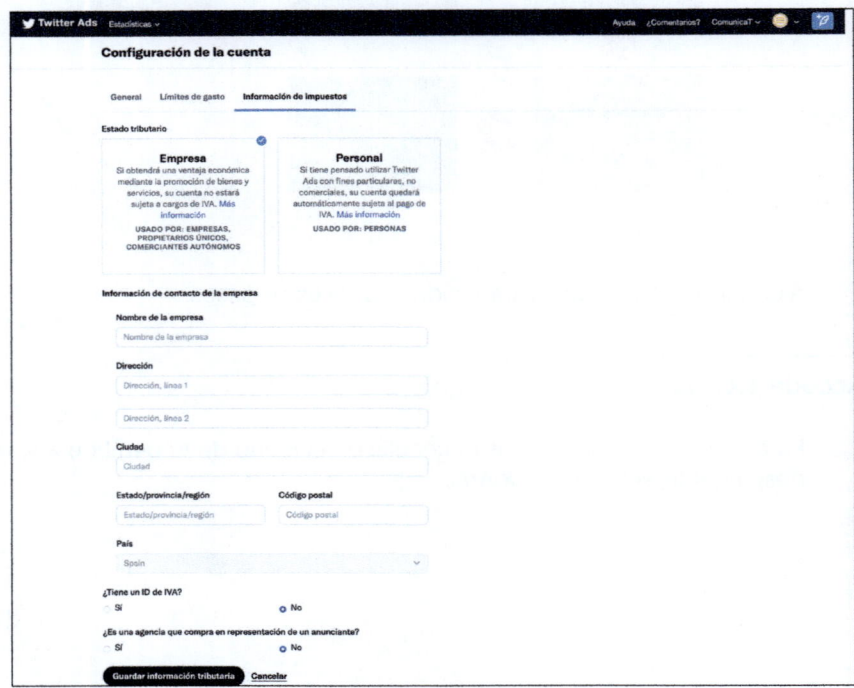

Elige el tipo de campaña

A continuación aparecerá una pantalla en la que podrás elegir el tipo de campaña, dependiendo de los objetivos que tengas. En este caso se va a elegir **Clics en el sitio web o conversiones.**

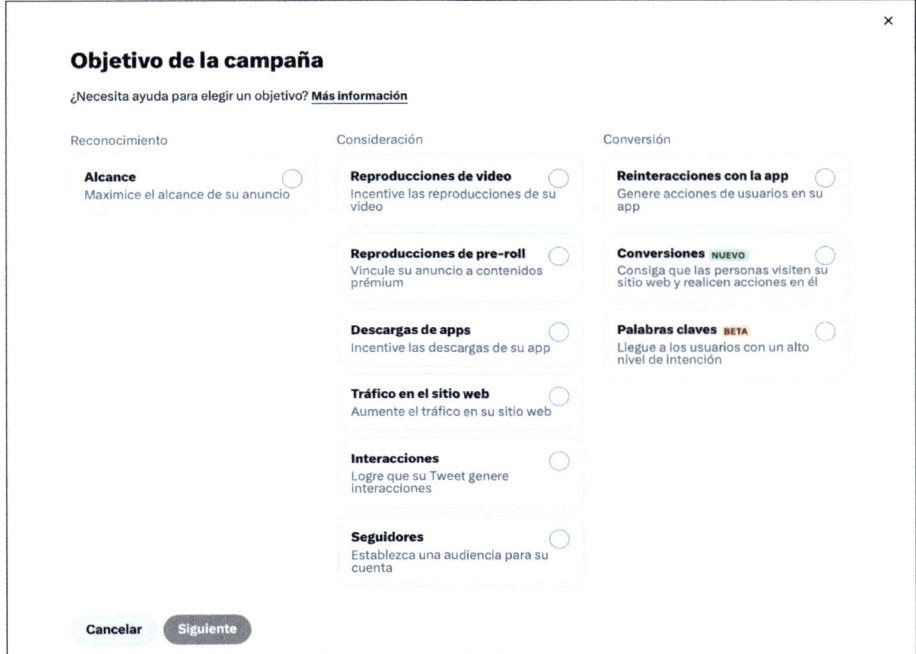

Nombra tu campaña y establece un presupuesto

Después, *X Ads* te pedirá que nombres a tu campaña y establezcas un presupuesto diario y/o total. En este punto es recomendable designar un presupuesto total, ya que posteriormente podrás elegir qué días de la semana quieres que tu campaña esté activa. Además, de esta manera, tendrás claro desde el principio cuánto dinero vas a gastar en tu campaña. También podrás seleccionar la duración de la campaña.

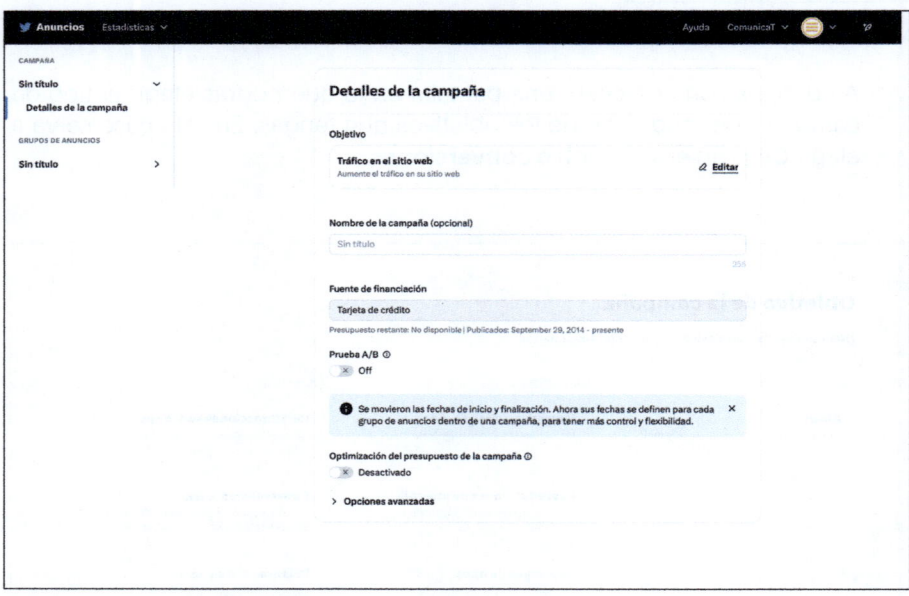

Selecciona los *posts* que quieres promocionar

Llegados a este punto, selecciona los *posts* que quieras promocionar. Si has seleccionado una **campaña de clics en el sitio web o conversiones,** en cada *post* que quieras promocionar debe haber un enlace a tu sitio web.

Es recomendable emplear un poco más de tiempo en esta pantalla, ya que eso supondrá seleccionar y elegir bien todas las opciones. Deja marcadas las cuatro casillas que aparecen a la derecha de la pantalla para que tus *posts* salgan en el mayor número de sitios posible dentro de *X: timeline* de usuarios, perfiles y páginas de detalle de los *posts,* resultados de búsqueda e incluso en otros sitios webs y aplicaciones a través de *X Audience Platform,* una herramienta de *X* que permite impulsar las visualizaciones de vídeo y el alcance de los *posts.*

Es aconsejable seleccionar al menos un grupo de ocho *posts* para cada campaña, en los que se incluyan vídeos, imágenes y diferentes textos con el objetivo de intentar llamar la atención del mayor número de público posible.

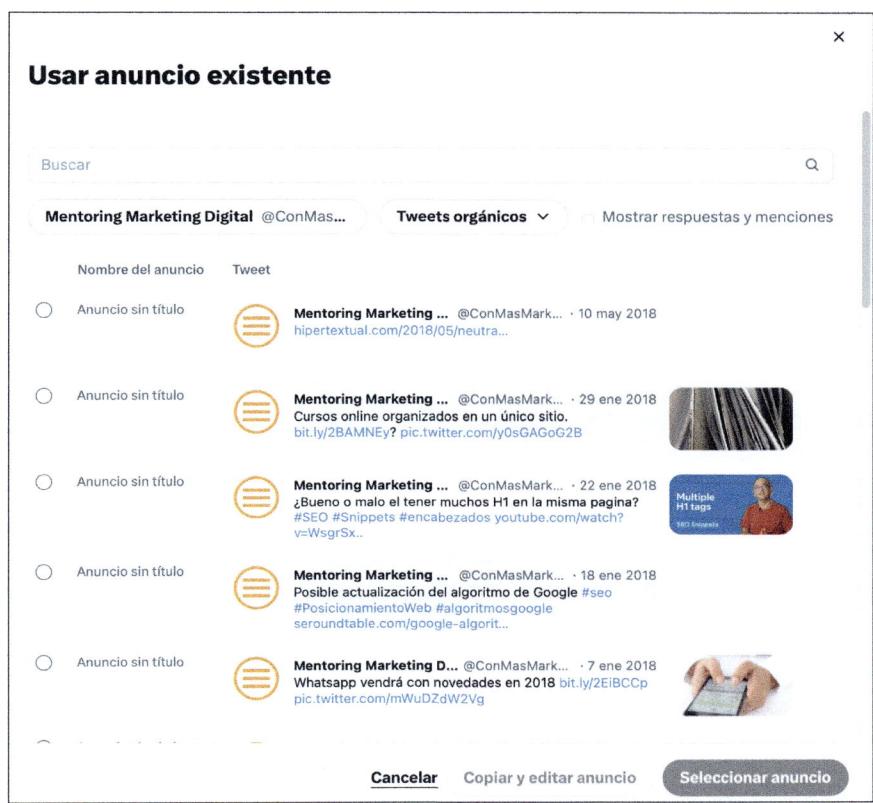

Selecciona a tu público objetivo

En la siguiente pantalla debes seleccionar a tu público objetivo, que ya tendrás previamente seleccionado. *X Ads* permite segmentar a tu público objetivo por género, rango de edad, localización geográfica, intereses, palabras clave, personas similares a los seguidores de un @usuario, asistencia a eventos... incluso permite segmentar por audiencias personalizadas, como bases de datos, listas de seguidores, etc.

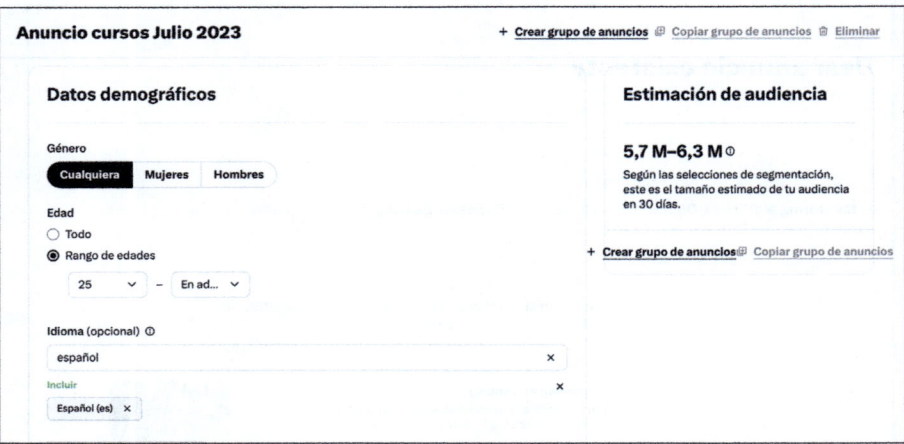

Define el presupuesto para el grupo de anuncios

En la siguiente pantalla tienes que definir el presupuesto para el grupo de anuncios que acabas de crear y el tipo de puja. En *X Ads,* al igual que ocurre en otras plataformas como *Google AdWords,* el coste de cada clic en cada anuncio varía dependiendo de lo que el anunciante está dispuesto a pagar.

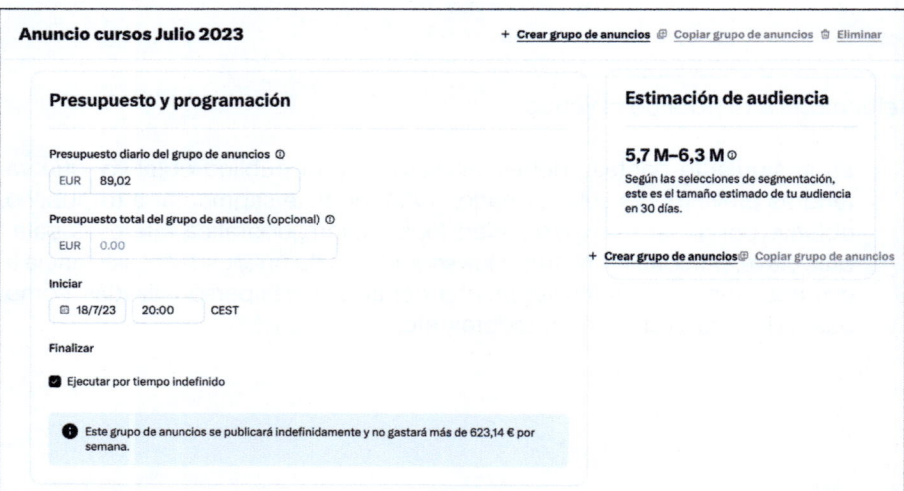

CONSEJO

Establece el modo de puja automático, programado para que *X* optimice los resultados al menor precio posible dentro del presupuesto de la campaña.

Confirma los datos

La siguiente pantalla, simplemente, sirve para confirmar todos los datos que has introducido en tu campaña. Una vez revisados, debes hacer clic en el botón **Lanzar campaña** que aparece arriba a la derecha en la pantalla, y ya podrás lanzar tu campaña en *X*.

¡No olvides monitorizar los resultados periódicamente!

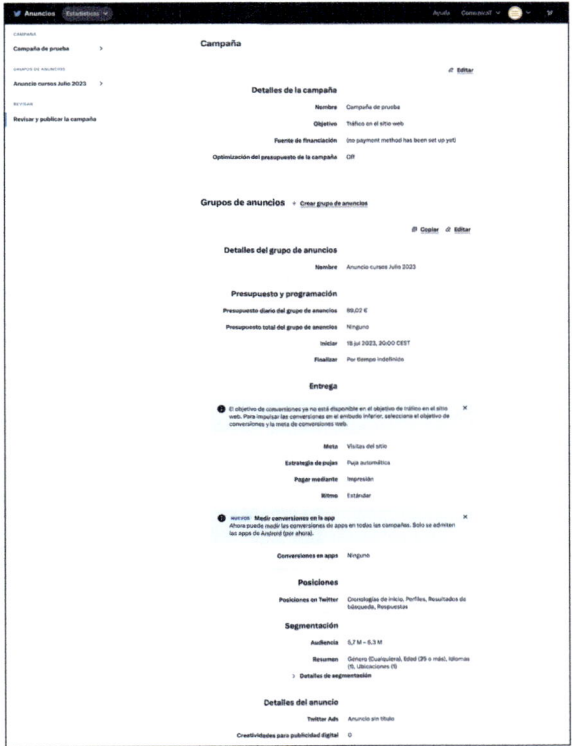

Detalles de una campaña en X

PARA SABER MÁS

Accede al siguiente enlace para consultar una guía sobre el funcionamiento de *X Ads:*

https://redirectoronline.com/marketingtwitter0501

Observa el siguiente **ejemplo de anuncio o campaña** en *X Ads:*

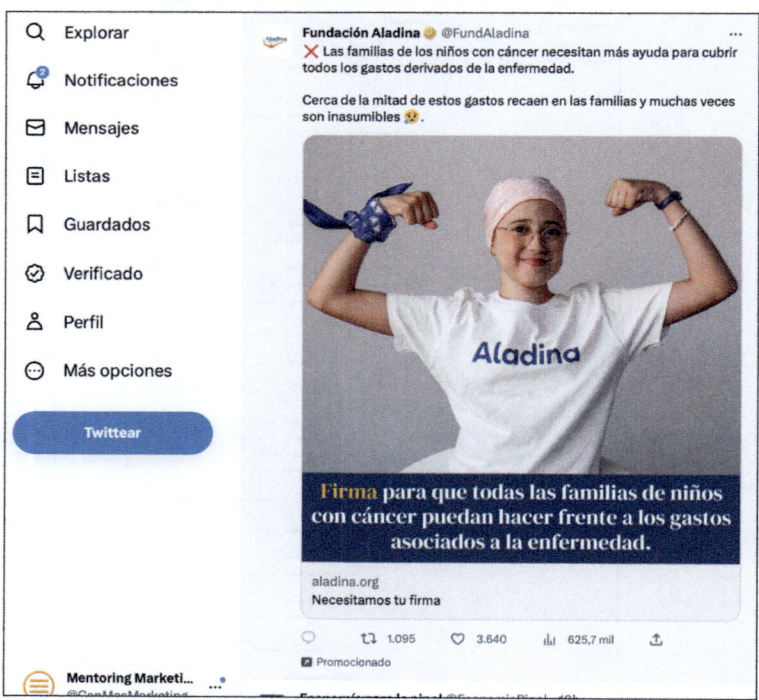

Ejemplo de campaña de posts promocionados por X Ads

ACTIVIDAD COMPLEMENTARIA

10. Reflexiona sobre las ventajas e inconvenientes que puede suponer el uso de *X Ads.*

 TAREA 14

Tienes una cuenta de *X* para promocionar tu negocio. A través del *marketing* en esta red social estás intentando conseguir mejores resultados para tu empresa, por lo que has decidido usar *X Ads.*

Para ello, deberás:

- Crear una cuenta de *X Ads* para tu empresa.
- Crear una campaña de seguidores para tu empresa, con un presupuesto de 10 €.
- Poner en marcha la campaña.

---

4. Resumen

Para que el **plan de *marketing* en *X*** tenga éxito es preciso realizar una buena **planificación** y realizar un **seguimiento de los resultados.**

Además, es conveniente apoyar tu estrategia mediante el **pago de publicidad,** lo que ayudará a que tus campañas lleguen mejor a tu público objetivo.

Definición de objetivos
- Público objetivo
- Cuánto, a quién y cómo vender

Lanzamiento de la campaña
- Campaña de *posts* y contenido audiovisual gratuito
- Campaña de *marketing* de pago

Para **planificar una campaña,** deberás definir cada una de sus fases:

1. Fase de calentamiento
2. Fase de lanzamiento
3. Fase de oferta

En el caso de usar *X Ads,* el proceso a llevar a cabo es el siguiente:

Ejercicios de autoevaluación
Unidad de Aprendizaje 5

1. **¿Cuál es el primer paso para crear un plan de *marketing* para una empresa en *X?***

   a. Tener más de 1.500 seguidores en *X*.
   b. Definir objetivos realizables y medibles.
   c. Tener una tienda *online* para poder difundirla en *X*.
   d. Tener bien configurado el perfil de *X*.

2. **¿Qué es una conversión?**

   a. Es abrir una cuenta en *X*.
   b. Es conseguir un seguidor en *X*.
   c. Es interactuar con un usuario en *X* para que se haga seguidor.
   d. Es una acción realizada por un usuario en una página web, según el objetivo establecido: completar un formulario, descargar un cupón, realizar una compra, etc.

3. **¿Qué tipo de *posts* suelen tener más éxito en *X?***

   a. Los que tienen entre 200 y 220 caracteres.
   b. Los que tienen menos de 100 caracteres.
   c. Los que contienen chistes.
   d. Los que enlazan noticias de la competencia.

4. **¿Se puede contactar con periodistas a través de *X?***

   a. Sí, pero solo si te siguen.
   b. No, las cuentas de periodistas no permiten esa opción para no saturarse.
   c. Sí, y también con *bloggers* e *influencers*.
   d. Sí, pero es preciso pagar.

5. ¿Qué objetivo de ventas es realista para comenzar una campaña de ventas en *X*?

    a. Entre el 3 y el 5 % de las ventas totales.
    b. Entre el 15 y el 30 % de las ventas totales.
    c. El 20 % de las ventas totales.
    d. El 10 % de las ventas totales.

6. ¿Cuál debe ser uno de los objetivos principales de una empresa en *X*?

    a. Tener muchos seguidores.
    b. Construir una opinión positiva sobre la empresa, servicios o productos.
    c. Seguir a muchos usuarios.
    d. Conseguir ser un *influencer* de su sector empresarial.

7. ¿Se puede usar *X* para generar bases de datos de posibles clientes?

    a. No, en ningún caso.
    b. Sí, resulta muy útil para este fin.
    c. Sí, pero es preciso pagar.
    d. No, es algo ilegal.

8. Si quieres que tus seguidores se familiaricen con tu marca, debes...

    a. ... ofrecer contenido de calidad.
    b. ... hacer muchos concursos.
    c. ... publicar muchas imágenes graciosas.
    d. ... hablar siempre de tus productos y/o servicios.

9. A la hora de crear imágenes publicitarias para *X* es recomendable estructurarlas de manera que el usuario tenga que hacer un recorrido visual...

    a. ... en forma de H.
    b. ... en forma de Z.
    c. ... en forma de A.
    d. ... de forma circular.

10. ¿Cómo se llama la plataforma de publicidad de pago de *X*?

    a. *X Analytics.*
    b. *X Ads.*
    c. *X Business.*
    d. *X Marketing.*

Implementa tu plan con las mejores prácticas

Contenido

1. Introducción
2. Siete pequeños trucos para grandes avances
3. Resumen

Objetivos

Los objetivos específicos de esta Unidad de Aprendizaje son:

→ Aplicar pequeños trucos y acciones para potenciar al máximo el *marketing* en X.

→ Utilizar la página web o blog corporativo para potenciar el éxito en X.

1. Introducción

Existen una serie de acciones básicas que hay que llevar a cabo para desarrollar una adecuada estrategia de *marketing* en *X*, como son el desarrollo del plan de contenidos, la definición del público objetivo, la creación de distintas listas de usuarios, establecimiento de los protocolos para interactuar con la comunidad aportando contenido de calidad y multimedia, así como la realización de campañas de *marketing* para posteriormente analizar los resultados que se están obteniendo.

Pero además, existen pequeños trucos y acciones que puedes ir realizando regularmente para potenciar todavía más tus posibilidades de éxito en esta red social.

En esta unidad conocerás cómo sacarle más rendimiento a *X* promocionándolo en otras plataformas, verás algunos consejos para redactar tus *posts* y se analizarán algunos aspectos sobre el futuro de *X*.

Para el desarrollo del contenido nos basaremos en el caso de Luis, que tiene una pequeña empresa dedicada a la venta, instalación y reparación de puertas y cerraduras, llamada Puertas Luis.

2. Siete pequeños trucos para grandes avances

 HILO CONDUCTOR

Luis lleva varios meses usando su cuenta empresarial en *X*. Ahora es el momento de pulir ciertos detalles para conseguir sacarle el máximo partido posible a la cuenta empresarial de Puertas Luis en esta red social.

Para desenvolverte con éxito en *X* debes redactar un plan de contenidos serio, marcarte objetivos de venta, definir a tu público objetivo, realizar campañas de *marketing,* interactuar con la comunidad, etc.

Sabiendo realizar estas acciones tendrás los suficientes conocimientos para gestionar con éxito tu cuenta de *X*.

Sin embargo, aunque tengas los conocimientos para gestionar con éxito tu cuenta de *X*, existen pequeñas **acciones que puedes implementar en tu plan de *marketing,*** y que te ayudarán a:

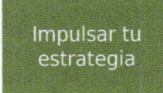

| Impulsar tu estrategia | Captar más clientes en *X* |

A continuación, puedes ver una serie de **consejos** que te ayudarán a conseguirlo.

RECUERDA

Puedes usar *X* como herramienta de *marketing* directo, a través de su plataforma de publicidad de pago, *X Ads.*

2.1. Fija un *post* en tu perfil

Fija un *post* en la **parte superior del perfil** de tu cuenta de empresa en *X*.

IMPORTANTE

Coloca allí el contenido estratégico que consideres más importante para tu marca: enlace a tu tienda *online*, catálogo de productos y/o servicios, etc.

Una buena manera de **dar la bienvenida a los usuarios** a tu cuenta, es presentándoles contenido de valor que puedes optimizar además con:

- ➲ Una imagen
- ➲ Contenido audiovisual
- ➲ Contenido multimedia

Para fijar un *post* tienes que seguir estos **pasos:**

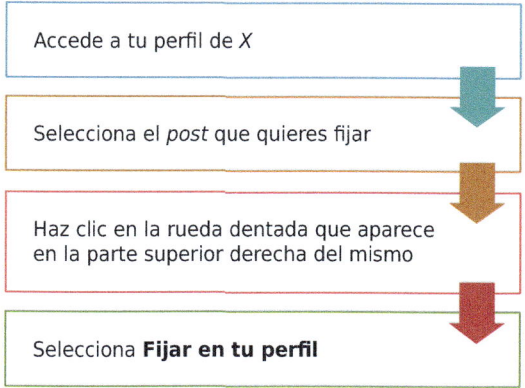

Como ves, fijar un *post* es muy sencillo, y aportará beneficios a tu cuenta de X.

Opción Fijar en tu página de perfil

 ## ACTIVIDAD COMPLEMENTARIA

11. Reflexiona sobre las razones por las que fijar un *post* en tu cuenta puede ser beneficioso, determina la utilidad de esta opción y cómo puede influir en tu cuenta de empresa.

2.2. Inserta _posts_ en las entradas de tu blog o página web corporativa

Insertando _posts_ en las entradas de tu blog o página web corporativa, difundirás tu cuenta de _X_ fuera de esta red social y podrás conseguir que los usuarios que entren a tu web o blog te sigan también en _X_ e interactúen con tu cuenta.

Para hacer esto debes acceder a tu perfil de _X,_ seleccionar el _post_ que quieres insertar, hacer clic en la rueda dentada que aparece en la parte superior derecha del mismo y, después, seleccionar **Insertar _Tweet._**

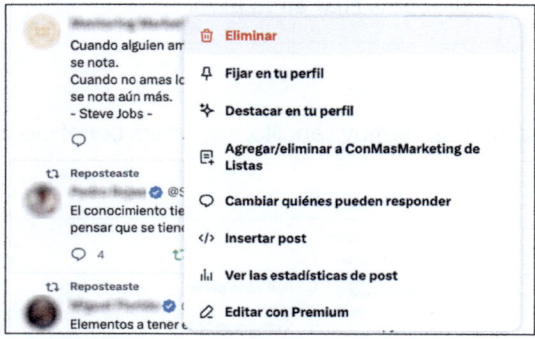

Opción Insertar Tweet

Una vez hecho esto, aparecerá el **código del _post,_** que deberás pegar en el gestor de contenidos de tu página web o blog.

 **NOTA**

La forma de incluir el código dependerá del tipo de gestor de contenidos que utilices.

 **VÍDEO**

Accede al siguiente vídeo en el que se muestra cómo insertar un *post* en un blog, en este caso *WordPress*, pero podrás hacerlo de igual modo en *Blogger* o en cualquier web:

https://redirectoronline.com/marketingtwitter0601

Utiliza contenido multimedia sobre todo en los *posts* más importantes.

El contenido multimedia es recomendable para explicar ideas o proyectos que se puedan visualizar y que sea complicado explicar en un mensaje de 280 caracteres o, incluso, en un artículo o reportaje de tu página web.

El contenido multimedia te ayudará a destacar o explicar determinados contenidos.

 **EJEMPLO**

Para hablar de cómo se monta un mueble es mejor realizar un pequeño video-tutorial o una infografía que intentar explicarlo solo de forma textual.

Además, *X* permite **mencionar hasta a diez cuentas de usuario en cada imagen** que insertes en un *post*. Debes hacer buen uso de esta táctica para no convertirte en *spammer*. Se trata de una opción con la que puedes conseguir interactuar con cuentas de prestigio.

 **DEFINICIÓN**

Spammer
Usuario de internet que se dedica a enviar masivamente contenido no solicitado por otros usuarios, como correos electrónicos o enlaces a sitios webs.

Para etiquetar a otras cuentas, debes seguir estos pasos:

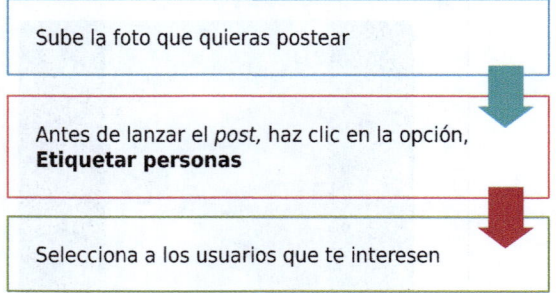

Observa cómo, al buscar a los usuarios, te aparecerán sugerencias de las cuentas que correspondan con el texto insertado para que selecciones a quién quieres etiquetar.

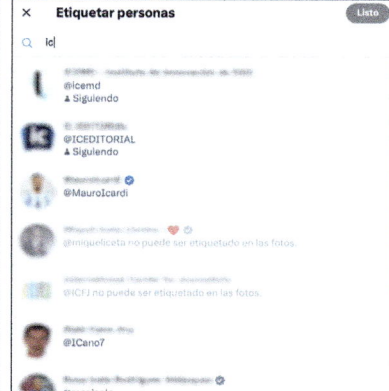

Búsqueda para 'iceditorial'

2.3. Cuida la ortografía

👉 **HILO CONDUCTOR**

Uno de los aspectos que Luis debe cuidar es la ortografía, por eso cada vez que escribe un *post* o algún contenido, lo revisa antes de publicarlo... no quiere proyectar una mala imagen.

Si cometes faltas de ortografía, o faltas tipográficas, esto tendrá **consecuencias negativas** para tu empresa:

- ➲ Conseguirás que tu empresa proyecte una mala imagen.
- ➲ Los *posts* mal escritos no saldrán en las búsquedas que hagan los usuarios sobre esos términos o etiquetas.

CONSEJO

No utilices abreviaturas. Olvídate del "xfa", del "tqm" y del "XD".

Y huye también de escribir EN MAYÚSCULAS porque se considera que estás gritando a los usuarios... y no querrás gritar a tus posibles clientes, ¿verdad?

 PARA SABER MÁS

Consulta el siguiente artículo en el que se muestran la importancia de la ortografía en las redes sociales y las consecuencias que puede tener para la empresa:

https://redirectoronline.com/marketingtwitter0602

Y este otro en el que se muestra la polémica generada por un error en este sentido:

https://redirectoronline.com/marketingtwitter0603

ACTIVIDAD COMPLEMENTARIA

12. Reflexiona sobre la ortografía en las redes sociales. ¿Crees que es importante a la hora de vender en *X?*

2.4. Incluye en tu web *widgets* sociales

Otra acción recomendable es insertar en tu sitio web los denominados *widgets* sociales. Pero, ¿qué son?

Un *widget* social es la típica **"cajita" de las distintas redes sociales que aparece en algunas webs** y blogs corporativos.

Inserción de posts en una noticia de un medio digital

De esta manera conseguirás que los visitantes de tu sitio web corporativo sepan que estás en *X* y puedan seguirte e interactuar con tu marca.

PARA SABER MÁS

Accede a este enlace para consultar un artículo en el que se explica cómo crear un *widget* de *X* e insertarlo en una web:

https://redirectoronline.com/marketingtwitter0604

- -

2.5. Utiliza *hashtags*

Es recomendable que uses #hashtags con **temáticas afines a tu sector empresarial** y que navegues a través de ellos (haciendo clic en los mismos) para encontrar a otras personas interesadas en los temas que vayas proponiendo.

Ejemplo de post con hashtags

 **RECUERDA**

Un *hashtag* es la palabra o la serie de palabras o caracteres alfanuméricos precedidos por el símbolo de la almohadilla (#) usado en *X* para agrupar temas de conversación.

Una sesión de lluvia de ideas con tu equipo de trabajo o colaboradores más afines te ayudará a encontrar *hashtags* para tus objetivos de *marketing* en *X*.

2.6. Utiliza *X* como plataforma directa de ventas

Los cambios en el *marketing* en *X* son muy rápidos, implementando al igual que en el resto de las redes sociales cambios que ayuden a mantener la relevancia de esta red social en el día a día de los usuarios. Tras la incorporación de *X* como servicio de atención al cliente, actualmente se centra en implementar en esta red social un canal directo de ventas.

Ya hay empresas que, incluso, permiten el pago a través de *X*. Puedes vender por *X*, por ejemplo, creando promociones para los usuarios que interactúen con un *post,* haciendo ofertas exclusivas para tus seguidores... aunque lo mejor es que diseñes **tu propia estrategia de venta.**

Ejemplo de uso de venta directa en X

TAREA 15

Tienes una cuenta de X para promocionar tu negocio. A través del *marketing* en esta red social estás intentando conseguir mejores resultados para tu empresa.

Los usuarios que llegan hasta tu cuenta se sorprenden, te comentan toda la utilidad y el valor que les aporta, pero te has dado cuenta de que no consigues llegar hasta ese punto... tu cuenta es prácticamente desconocida. Por ello, quieres llegar a más usuarios que seguro que quedan encantados una vez que la conozcan. ¿Qué puedes hacer para lograrlo?

Para ello, deberás aplicar pequeños trucos para potenciar al máximo el *marketing* en X. Deberás:

- Postear una imagen etiquetando en ella a las 10 cuentas de usuario más influyentes para tu negocio.
- Fijar ese *post* en tu perfil.
- Insertar ese *post* en tu página web o blog corporativo.

¡No olvides utilizar *hashtags* y cuidar la ortografía!

- -

3. Resumen

Hay una serie de aspectos básicos que hay que conocer para desarrollar una adecuada estrategia de *marketing* en X. Sin embargo, existen pequeños trucos y acciones que puedes ir realizando regularmente para potenciar todavía más tus posibilidades de éxito en esta red social.

En definitiva, es aconsejable que utilices tu **página web o blog corporativo** para conseguir que tu cuenta de X crezca en relevancia. Debes **cuidar la ortografía** y el lenguaje en X, puesto que esta red social es un escaparate muy valioso para tu empresa. Además, es preciso hacer un **uso racional y eficaz del contenido multimedia,** y utilizar X como **herramienta de ventas** de una manera directa.

Ejercicios de autoevaluación
Unidad de Aprendizaje 6

1. ¿Se debe promocionar X en otras plataformas, redes sociales, blogs, webs...?

   a. No es necesario.
   b. Sí, es imprescindible para potenciar la cuenta de X de una empresa.
   c. Sí, pero solo se puede hacer si se paga.
   d. Sí, pero para ello es preciso usar *HootSuite*.

2. ¿Cuántas cuentas de usuario se pueden etiquetar en una imagen de X?

   a. Un máximo de 5.
   b. Un máximo de 8.
   c. Un máximo de 10.
   d. Un máximo de 7.

3. ¿De qué es sinónimo escribir en mayúsculas en X?

   a. De gritar.
   b. De tener razón.
   c. Sirve para reforzar un razonamiento.
   d. De nada, es simplemente el estilo de escritura de la persona.

4. ¿Qué es un *widget* social?

   a. Un usuario de X muy sociable.
   b. La típica "cajita" de las distintas redes sociales que aparece en algunas webs y blogs corporativos.
   c. Un *influencer* de las nuevas tecnologías.
   d. Un tipo de archivo de vídeo.

5. ¿Cómo se navega por los #*hashtags?*

    a. Haciendo clic en ellos.
    b. Buscándolos en *Google.*
    c. Buscándolos en la sección *hashtags* de *X.*
    d. Todas las opciones son correctas.

6. ¿Qué ocurre si cometes faltas de ortografía en *X?*

    a. Que tu empresa proyectará una mala imagen.
    b. Que los *posts* mal escritos no saldrán en las búsquedas que hagan los usuarios sobre esos términos o etiquetas.
    c. Que otros usuarios no encontrarán la cuenta de tu empresa.
    d. Que alguien te ofrecerá un curso de ortografía porque pasarás a ser un potencial cliente de muchas empresas y profesionales presentes en esta red.

7. ¿Qué se consigue con un *widget* social?

    a. Tener más influencia.
    b. Que los visitantes de tu sitio web corporativo sepan que estás en las distintas redes sociales y puedan seguirte e interactuar con tu marca.
    c. Conseguir más seguidores.
    d. Aumentar el *target* de tu marca.

8. ¿Se pueden pagar productos o servicios por *X?*

    a. Sí, ya hay empresas que lo permiten.
    b. No, en ningún caso.
    c. Sí, pero se deben contratar mediante *X Analytics.*
    d. Sí, a través de *XPro.*

9. ¿Es posible usar *X* como plataforma de venta directa?

    a. Sí, de hecho todo indica que, en el futuro, *X* se usará masivamente de este modo.
    b. No, en ningún caso, es una práctica penalizada.
    c. Sí, pero para activar esta opción es preciso pagar.
    d. Sí, actualmente los esfuerzos de *X* se centran en el uso de la aplicación como plataforma de venta.

10. ¿Se pueden insertar *posts* en una página web?

    a. Sí, desde el *post* concreto en el perfil de *X,* seleccionando la opción Insertar Tweet.

    b. No, en ningún caso.

    c. Sí, pero solo en determinadas plataformas como *WordPress.*

    d. Sí, pero solo mediante las aplicaciones de *X* para dispositivos móviles.

Seguimiento y ajuste

Unidad de Aprendizaje 9

Seguimiento
y ajuste

Contenido

Objetivos

Los objetivos específicos de esta Unidad de Aprendizaje son:

→ Determinar los indicadores que ayudarán a medir el ROI en la cuenta de X.

→ Seleccionar herramientas para medir el rendimiento obtenido de la cuenta de X.

→ Enumerar los aspectos que se deben analizar para determinar el rendimiento obtenido de la cuenta de X.

→ Analizar el rendimiento obtenido de la cuenta de X.

→ Realizar prácticas que mejoren el ROI de la cuenta de X.

1. Introducción

ROI son las siglas en inglés de *Return On Investment*, que significa **retorno de la inversión.** Se trata de un indicador que **mide el beneficio frente al gasto de la inversión** de un proyecto, en este caso de una campaña de *marketing* en X.

Analizar el ROI e implementar las mejores técnicas para mejorarlo es esencial para el éxito de una campaña de *marketing* en X. Es fundamental realizar un correcto análisis del rendimiento de las campañas si quieres saber si están teniendo éxito o no.

En esta unidad conocerás algunas herramientas complementarias para el análisis de campañas en X, como *Google Analytics,* y su uso. Además, verás algunos consejos para mejorar tu ROI.

Para el desarrollo del contenido nos basaremos en el caso de Luis, que tiene una pequeña empresa dedicada a la venta, instalación y reparación de puertas y cerraduras, llamada Puertas Luis.

2. Mide y calcula el ROI

👉 **HILO CONDUCTOR**

Tras llevar varios meses estableciendo en su estrategia de *marketing* en X, ha llegado el momento de que Puertas Luis analice seriamente si está consiguiendo los objetivos que se ha propuesto. Es decir, si a través de X ha conseguido aumentar su influencia en el sector, si han crecido las visitas a su página web y, por último, pero no por ello menos importante, si ha conseguido aumentar sus ventas.

El ROI o retorno de la inversión es un indicador que **mide el beneficio frente al gasto de la inversión,** en este caso, de una campaña de *marketing* en X.

El rendimiento de una campaña de *marketing* en X depende de varios factores, como la creatividad, la estrategia de la campaña, la inversión realizada, etc.

Una investigación de mercado realizada en 2017 por *X* ha demostrado que el ROI en esta red social es, de media, un 40 % **superior al retorno promedio en otras redes sociales.**

Según *X,* hay una serie de acciones y aspectos que aseguran y generan un ROI más alto, y como consecuencia aumenta el éxito de la campaña.

 ## APLICACIÓN PRÁCTICA

Lidia va a poner en marcha una campaña en *X* para promocionar así su negocio, pero no tiene claro si debería ser una campaña puntual o de mayor duración. En relación a esta variable, ¿sabrías indicar qué tipo de campañas, según los estudios realizados por *X*, suelen ser más efectivas?

a. Las campañas de *marketing* puntuales.
b. Las campañas de *marketing* puntuales, pero solo cuando se haya generado previamente expectativas en los usuarios sobre las mismas.
c. Las campañas de duración reducida, ya que transmiten a los usuarios una sensación de urgencia que les hará actuar respecto a la marca.
d. Las campañas que permanecen activas durante varias semanas.

SOLUCIÓN

X asegura que las campañas que permanecen activas durante varias semanas son más efectivas que las campañas de *marketing* puntuales o de duración reducida.

- -

Como has visto, según *X,* hay una serie de acciones y prácticas que **aseguran un mayor retorno;** son las siguientes:

Publicidad centrada en un producto concreto	Vídeos promocionados	Campañas de larga duración
- La publicidad centrada en un producto concreto genera un ROI más alto a corto plazo.	- Los vídeos promocionados son el contenido que más éxito tiene en una campaña de *marketing*, pudiendo llegar a ser hasta un 20 % más efectivo a la hora de generar ventas que otros formatos publicitarios como imágenes, texto o enlaces.	- *X* asegura que las campañas que permanecen activas durante varias semanas son más efectivas que las campañas de *marketing* puntuales o de duración reducida.

Aunque las **campañas en *X* centradas exclusivamente en productos** arrojan un ROI casi siete veces **superior a las campañas de imagen de marca,** lo recomendable es mantener un balance del 70 % de campañas de producto y el 30 % de campañas de imagen de marca.

De esta manera se puede conseguir un **buen ROI a corto plazo sin que la imagen de la marca pierda valor** con el paso del tiempo.

¿Campañas de marca o de producto?

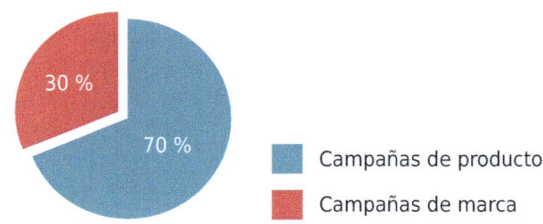

- Campañas de producto
- Campañas de marca

2.1. Aumenta el ROI con un buen uso de *X*

Siguiendo una serie de pautas, como tener un plan de contenidos adecuado, interactuar con los usuarios, proporcionar contenido de calidad y de manera regular, crear contenido multimedia propio, etc., tendrás un buen ROI.

Por el contrario, si no sigues esos consejos, el ROI de tu marca no será tan bueno, e incluso puede que sea bastante pobre.

No obstante, además de estas pautas, vas a ver una serie de nuevos **consejos que te ayudarán a impulsar el ROI** de tus campañas aún más:

- ➲ **Aprovéchate del "aquí y ahora":** escribe en tus *posts* patrocinados términos como "por tiempo limitado", "solo por unas horas", "hasta fin de existencias", "ahora", "agotarse"... Este tipo de palabras crean una sensación de urgencia y necesidad que impulsa al consumidor a comprar.
- ➲ **Haz uso del azar:** los sorteos y concursos son una mina. Atraen a muchos usuarios. ¿Quién no quiere que le regalen un viaje, unas zapatillas de moda, un traje...? ¡Aprovéchalos! Los *posts* con palabras clave como "sorteo", "ganar", "premio", "concurso"... disminuyen el coste por conversión, según diversos estudios, en un 40 %.
- ➲ **Plantea encuestas y preguntas:** si pretendes incrementar la interacción con tu comunidad, preguntar cosas a tus seguidores es un recurso muy efectivo. Puedes utilizar para ello las *X Polls,* que son encuestas que tienen una duración máxima de una semana.
- ➲ **Utiliza porcentajes para la promoción de descuentos:** "50 % de descuento" genera más conversiones que "60 € de descuento", aunque el importe que se descuenta sea el mismo. Así funciona el cerebro... es el *neuromarketing.*
- ➲ **Ofrece novedades y destácalas:** "Nuevo", "novedad", "sé el primero en tenerlo"... son palabras mágicas que te harán ganar clientes y, en consecuencia, ventas. Utilízalas.
- ➲ **Haz imágenes para postear contenido visual:** prepara imágenes con elementos multimedia —fundamentalmente texto e imagen—, para difundirlas en *X.* Estas son llamadas en el argot de *X* "tarjetas". Normalmente tienen un 50 % más de *reposts* que un *post* con contenido que no sea multimedia. Diversos estudios aseguran que, además, alcanzan un 313 % más de interacción.

2.2. KPI que te ayudarán a medir tu ROI en X

Si estás invirtiendo tiempo y dinero en tu estrategia de *marketing* en *X*, debes **medir el rendimiento de la cuenta** de tu empresa en esta red social. Para ayudarte a hacerlo puedes tener en cuenta los indicadores o KPI *(key performance indicator)*:

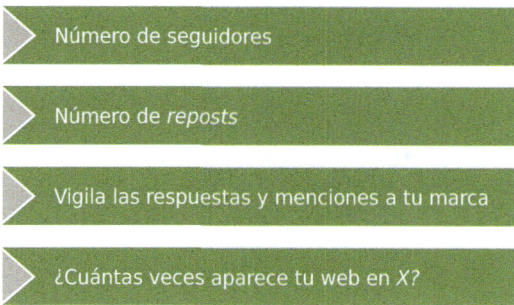

Número de seguidores

Número de *reposts*

Vigila las respuestas y menciones a tu marca

¿Cuántas veces aparece tu web en *X*?

A continuación, se analizarán cada uno de ellos.

Número de seguidores

Vigila el número de seguidores de tu marca y de la competencia. Haz gráficas periódicamente con alguna de las herramientas disponibles para tal fin, como *X Ads* o *Audiense*. Puedes relacionar eventos y publicaciones con los picos de crecimiento. Y no olvides vigilar también los *unfollows,* es decir, la gente que deja de seguirte ya que, si hay muchos concentrados en un breve espacio de tiempo es posible que hayas cometido algún error.

Número de *reposts*

Es recomendable que vigiles el promedio de *reposts* por cada *post* que lanzas y el tipo de *posts* que genera un mayor número de *reposts.* Si detectas que hay alguna temática o tipo de contenido concreto que tiene más éxito... ¡aprovéchalo!

Vigila las respuestas y menciones a tu marca

Es importante que examines el nivel de interacción de los usuarios con el contenido que generas en *X*. Así podrás saber qué tipo de contenido genera más respuestas y ver con cuánta frecuencia se menciona tu marca.

¿Cuántas veces aparece tu web en *X*?

También es recomendable comprobar cuántas veces aparece la URL de tu página web en *X*.

ACTIVIDAD COMPLEMENTARIA

13. De los KIP que has visto, ¿cuál crees que puede ser el más efectivo para medir el ROI de tu marca?

2.3. Herramientas de análisis del ROI

☞ HILO CONDUCTOR

Luis ha decidido avanzar en su estrategia de *marketing* en X y quiere comenzar a medir el ROI de forma regular. Ahora que ya sabe lo que es y su importancia, se encuentra con el siguiente problema: ¿cómo medirlo?

Es importante que sepas manejar con soltura **herramientas que te ayuden a analizar el rendimiento** de la cuenta de X de tu empresa.

Existen muchas herramientas que te permitirán analizar estos datos, entre las que se encuentran *X Ads, Audiense* y *Google Analytics,* que es la más utilizada para medir las conversiones en páginas webs.

DEFINICIÓN

Conversión

Acción que realiza un usuario en una página web, ya sea registrarse, enviar un formulario, comprar un producto o servicio... El objetivo está marcado por una acción concreta de *marketing online.*

La utilidad de *Google Analytics*

Google Analytics es la herramienta más utilizada para medir las conversiones en páginas webs.

Para **analizar el comportamiento de los usuarios** en tu página web utilizando esta herramienta debes seguir estos pasos:

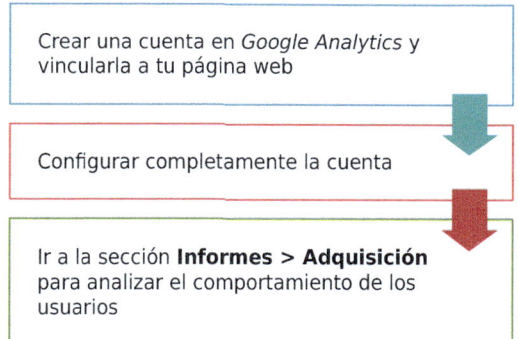

Así podrás:

- ⊃ Saber **cuántos usuarios visitan tu web** desde X, en qué fechas, cuántas personas te han visitado, si son usuarios nuevos o no, etc.
- ⊃ Hacer **comparativas con otros períodos** de tiempo para ver la evolución de tus campañas.
- ⊃ Conocer **cuánto tiempo estuvieron** los usuarios en tu sitio web y si vieron una o más páginas dentro del mismo.

En la pestaña **Configuración > Conversiones** puedes configurar **objetivos que te permitirán medir la monetización** —ingresos— que estás obteniendo. Es decir, **objetivos económicos o de conversión.** Con el número de adquisiciones sabrás a ciencia cierta cuántos usuarios de los que han accedido a tu web a través de X han acabado comprando algo gracias a tus campañas de *marketing* en X.

Podrás establecer, además, otro tipo de objetivos en relación a diferentes variables, entre las que se encuentran las siguientes:

- ➲ Tiempo de permanencia en tu página web
- ➲ Número de páginas vistas
- ➲ Formularios enviados
- ➲ Inscripciones a eventos realizadas

 PARA SABER MÁS

Desde los siguientes enlaces puedes acceder al canal oficial de *Google Analytics,* en el que podrás consultar toda la información y videotutoriales sobre el manejo de esta herramienta:

Google Analytics Solutions	*Google Analytics*

https://redirectoronline.com/marketingtwitter0701	https://redirectoronline.com/marketingtwitter0702

APLICACIÓN PRÁCTICA

Luis está analizando los datos que le ofrece *Google Analytics.* Ha observado que tiene una tasa de conversión del 3 %, una tasa de tiempo de permanencia en la página web de 25 segundos y dos páginas vistas por los usuarios.

¿Qué conclusiones puede extraer al analizar dichos datos? ¿Tiene que tomar alguna medida al respecto?

SOLUCIÓN

Los datos aportados indican que la tasa de conversión es muy baja. Los usuarios llegan a su página web, pero solo el 3 % finaliza la operación que querría Luis (una compra). Con solo 25 segundos de permanencia y dos páginas vistas por los usuarios, los datos indican que el contenido de la página web o los productos que vende (ya sea por el precio o por otras cuestiones), no son del agrado de los usuarios.

Por lo tanto, tendrá que revisar y mejorar el contenido de la web. Tanto su calidad como otros aspectos que pueden influir (velocidad de carga, etc.). De este modo, conseguirá que aumenten el tiempo de permanencia y número de páginas vistas por los usuarios, lo que repercutirá en la tasa de conversión.

TAREA 16

Javier quiere medir el ROI de su marca, ya que está invirtiendo mucho tiempo y dinero en su estrategia de *marketing* en X. Para ello, debe medir el rendimiento de la cuenta de su empresa en esta red. ¿Qué indicadores deberá tener en cuenta para realizar dicho análisis? ¿Cómo podrá realizar esa medición?

Determina qué indicadores ayudarán a medir el ROI de la cuenta de X de Javier, indicando qué herramienta podrá utilizar para realizar las mediciones necesarias y los aspectos que dicha herramienta le permitirá conocer.

 **TAREA 17**

Rita es propietaria de un negocio *online* y recientemente ha realizado una campaña de *marketing* en X con la que se generó bastante polémica.

Fueron muchos los usuarios que criticaron dicha campaña y al analizar los datos obtenidos tras la misma, Rita ha observado que aumentó la interacción por parte de los seguidores, ya que debido a las críticas hubo bastantes respuestas y menciones, pero sin embargo, ha perdido seguidores y no ha tenido los resultados esperados en cuanto a ventas. ¿Qué conclusiones se obtienen de dichos datos? ¿Qué podrá hacer Rita al respecto?

Realiza un análisis de los datos obtenidos por Rita tras la campaña para determinar cómo ha sido el rendimiento de la misma. Asimismo, determina las prácticas que podrá llevar a cabo en su cuenta de X para mejorar los resultados conseguidos.

Además, de forma opcional, podrás implementar esas prácticas en tu cuenta de X y comprobar posteriormente si han servido para mejorar el ROI.

----

3. Resumen

El **ROI o retorno de la inversión** es un indicador que mide el **beneficio frente al gasto de la inversión** realizada, en las campañas de *marketing*.

Es imprescindible medir el **rendimiento de las campañas de *marketing*** en X para saber si vas por el buen camino o para corregir errores si no es así. Para ello, mide algunas variables o **indicadores (KPI)** que te permitirán tener una imagen global del impacto de tu marca en X.

- Número de seguidores
- Número de *reposts*
- Vigila las respuestas y menciones a tu marca
- ¿Cuántas veces aparece tu web en X?

Puedes utilizar **herramientas de análisis estadístico** que te permitirán conocer cuántos usuarios acceden desde *X* a tu página web y qué hacen en ella.

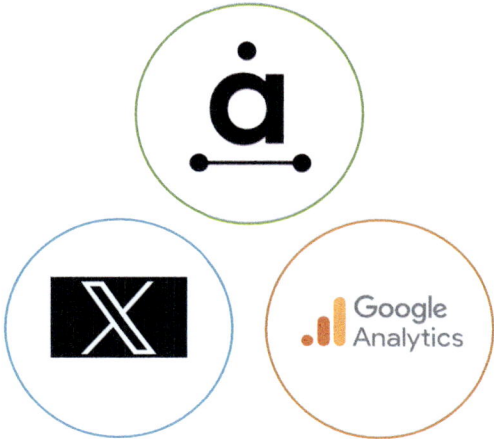

Pero si el rendimiento no es el adecuado y no vas por buen camino, deberás tomar las medidas necesarias para solucionarlo.

Para ello, puedes utilizar pequeños trucos comerciales para **aumentar el potencial de tus campañas de *marketing* en *X*.** Recurre a ofertas, concursos, encuestas, preguntas... para fomentar la interacción con tus seguidores y, en consecuencia, el éxito de tus campañas.

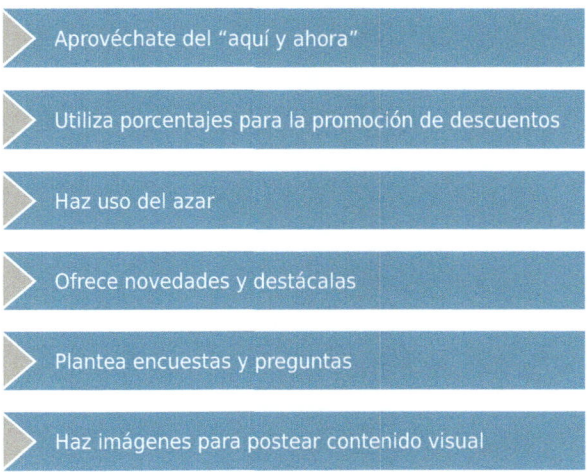

Aprovéchate del "aquí y ahora"

Utiliza porcentajes para la promoción de descuentos

Haz uso del azar

Ofrece novedades y destácalas

Plantea encuestas y preguntas

Haz imágenes para postear contenido visual

Ejercicios de autoevaluación
Unidad de Aprendizaje 7

1. ¿Analizar el ROI es importante para una campaña de *marketing en X*?

    a. Sí, así se podrá conocer la rentabilidad de la campaña.
    b. No, no es un parámetro relevante.
    c. Sí, y debe hacerse exclusivamente a través de *X Analytics.*
    d. No, porque las empresas no tienen tiempo de analizarlo.

2. ¿El ROI en *X* es más alto o más bajo que en otras redes sociales?

    a. Es un 40 % más alto que en otras redes sociales.
    b. Es similar.
    c. Es más bajo.
    d. Es un 75 % más alto que en otras redes sociales.

3. ¿En qué se fijan la mayoría de las empresas a la hora de analizar su éxito en *X*?

    a. En el número de seguidores.
    b. En las interacciones.
    c. En el ROI.
    d. En el número de empleados que tienen una cuenta en *X.*

4. ¿Qué son los KPI?

    a. Son las siglas de *Key Performance Indicator,* unos indicadores de los que se obtiene información útil sobre el rendimiento de una campaña o estrategia de *marketing.*
    b. Son las siglas de *Key Permanent Indicator,* unos indicadores de los que se obtiene información útil sobre los usuarios de la red social *X.*

    c. Son las siglas de *Key Port Investment,* unos indicadores de los que se obtiene información útil sobre el rendimiento de una campaña o estrategia de *marketing* en *X.*

    d. Son las siglas de *Key Permanent Investment,* unos indicadores de los que se obtiene información útil sobre la relevancia de un perfil de *X.*

5. Entre otras cosas, ¿para qué sirven *X Ads* y *Audiense*?

    a. Para gestionar de forma remota *X.*

    b. Para analizar el rendimiento del perfil de tu empresa en *X.*

    c. Para la edición de contenidos multimedia *online.*

    d. Para seguir automáticamente a miles de usuarios en *X.*

6. ¿*Google Analytics* se puede vincular a una página web?

    a. Sí, de hecho es la herramienta más utilizada para medir las conversiones en páginas webs.

    b. No, solo se vincula a perfiles en redes sociales.

    c. Sí, pero solo en su versión de pago.

    d. Sí, pero no es recomendable, ya que a la competencia le llegará una notificación de que se está usando esta herramienta.

7. ¿Para qué sirve la sección 'Adquisición' de *Google Analytics*?

    a. Para analizar el comportamiento de los usuarios en una página web.

    b. Para comprar un producto en *Google Analytics.*

    c. Para conseguir que un usuario compre algo en una página web.

    d. Para comprar miles de seguidores en *X.*

8. ¿Para qué sirve la sección 'Conversiones' de *Google Analytics*?

    a. Para configurar objetivos que permitirán medir la monetización —ingresos— en una web.

    b. Para captar más clientes.

    c. Para convertir tu cuenta de *Google Analytics* en una cuenta *Premium.*

    d. Para atraer más tráfico a una página web.

9. ¿Es contraproducente recurrir a encuestas para interactuar con los usuarios de X?

    a. No, la interacción siempre es positiva.
    b. Sí, es una mala práctica en redes sociales.
    c. Sí, porque la competencia puede copiarlas.
    d. Sí, porque cansan a los usuarios.

10. ¿Es recomendable usar porcentajes para promocionar un descuento?

    a. Sí, porque genera más conversiones que una cantidad en euros aunque el importe que se descuenta sea el mismo.
    b. No, porque genera menos conversiones que una cantidad en euros aunque el importe que se descuenta sea el mismo.
    c. Sí, pero es necesario hacerlo creando una imagen promocional.
    d. No, porque la competencia puede copiar el descuento.

Glosario

Analítica Web
Sistema de medición de datos de tráfico de una web o blog, que ayuda en la toma de decisiones y en la optimización de la consecución de objetivos de la empresa.

Avatar
Foto de perfil de un usuario en redes sociales o blogs.

Banner
Imagen animada de promoción o publicidad de productos o servicios que aparece en páginas web y blogs.

Buscador
Página web en la que el usuario puede buscar páginas web sobre un contenido de su interés. Para realizar la consulta se basa en las palabras clave o términos introducidos para la búsqueda.

Community manager
Persona que, en el ámbito del *marketing* digital, se encarga de gestionar las redes sociales de una empresa u organización e interactuar con la comunidad de seguidores de esta.

E-mail Marketing
Grupo de estrategias que tienen el objetivo principal de contactar con clientes, promocionar e informar de los productos y servicios de una empresa o entidad mediante el correo electrónico.

Estudio de mercado
Análisis previo que una empresa debe hacer para entender correctamente su sector empresarial. A través de este se obtiene información sobre las características internas y externas del mercado en cuestión, el público objetivo y estado de la demanda y la oferta.

Facebook
Red social que permite conectarse con otros usuarios, con marcas, empresas y organizaciones.

Fanpage
Página de *Facebook* enfocada a las empresas, marcas u organizaciones para conectar con los usuarios y posibles clientes.

Followers
Seguidores de una empresa o usuario en *X*.

Google Ads
Plataforma de publicidad *online* de *Google* en la que puedes configurar anuncios de pago para promocionar tu empresa. En esta plataforma puedes configurar campañas enfocadas a tu público objetivo teniendo en cuenta diversas palabras clave.

Hashtag
Etiqueta formada por una palabra o grupo de caracteres alfanuméricos precedido por el símbolo de la almohadilla (#) que permite transmitir una idea o concepto asociado a un mensaje o texto.

Influencer
Usuarios influyentes en una red social, fundamentalmente por tener un número muy elevado de seguidores o por ser una autoridad en una materia determinada.

Informe
Estudio del estado de las diferentes estrategias en redes sociales, que incluye datos provenientes del resultado de la analítica web.

Interacción
Actuación mediante la cual los usuarios son activos publicando comentarios, opiniones o compartiendo contenidos en las redes sociales y blogs.

KPI
Siglas de *Key Performance Indicator.* Son los indicadores de los que se obtiene información útil sobre el rendimiento de una campaña o estrategia de *marketing.*

Keywords
Palabras clave de un mensaje o texto.

Landing Page

En inglés, 'página de aterrizaje'. Es una página web en la que se incluye un determinado tipo de contenido que sirve de gancho comercial para que el usuario realice la acción predeterminada establecida en la campaña de *marketing* digital.

Login

Proceso mediante el que un usuario se registra y accede a una cuenta con su nombre de usuario, correo electrónico o contraseña en una herramienta, plataforma *online* o red social.

Marketing online

Conjunto de técnicas y estrategias de *marketing* que se llevan a cabo en el medio *online* y mediante técnicas de comunicación 2.0.

Mención

Acción de nombrar a un usuario en *X*.

Plugin

Aplicación adicional que aporta a una página web o blog nuevos servicios y herramientas.

Post

Mensaje con el que los usuarios se comunican a través de *X*. Tiene como máximo, 280 caracteres y en él puedes incluir vídeos, imágenes y enlaces a sitios web.

Público objetivo

Grupo de personas o nicho de mercado que podría ser receptivo a un producto o negocio determinado.

ROI

Siglas de *Return On Investment,* es decir, retorno de la inversión. Es un indicador que mide el beneficio frente al gasto de la inversión de un proyecto.

RP

Siglas de la palabra *"Repost",* que es la acción de compartir un *post* o publicación de otro usuario.

Reputación online

Prestigio de una persona o empresa por el buen uso en la publicación de contenidos y su comportamiento general en internet.

Segmentar

En redes sociales, es la acción por la que se dirige una publicación a un grupo de personas con un perfil determinado. Las empresas usan la segmentación en las redes sociales para aumentar la efectividad de sus acciones de *marketing* entre su público objetivo.

Social Media Manager

Es el profesional que se encarga de hacer la planificación de la estrategia en las redes sociales, página web... de una organización, producto o empresa.

Spam

Correo electrónico, comentario o contenido no deseado que lleva asociado principalmente contenido comercial.

Spammer

Usuario de internet que se dedica a enviar masivamente contenido no solicitado por otros usuarios, como correos electrónicos o enlaces a sitios webs.

TT

Siglas de *Trending Topic*. Es una abreviatura utilizada en las distintas redes sociales para destacar aquellos temas que se encuentran entre los más comentados por parte de los integrantes de la red social correspondiente.

Tendencia

En *X* es un tema de conversación que se ha convertido en relevante y que está siendo muy comentado por la comunidad de *X*.

Timeline

Pantalla de inicio de las cuentas de las redes sociales en la que se muestran las publicaciones del usuario y de los que son seguidos por el propietario del perfil.

Troll

Usuario de internet que se caracteriza por realizar críticas destructivas y comentarios negativos sin demasiado fundamento y, en muchos casos, de forma compulsiva.

Tráfico Web

Son las visitas que obtiene una página web. Se puede diferenciar entre número de visitas, de visitantes únicos y de páginas vistas.

Viralidad

Es una unidad de medida que calcula las personas que han visto una publicación mediante otros contactos.

Web corporativa
Herramienta que sirve a las empresas para promocionar su imagen de marca en el mercado a través de internet.

Widget
Aplicación o programa informático que, instalado en una página web o blog, puede aportar diversas funcionalidades como, por ejemplo, que se muestren las publicaciones que realiza la empresa en las distintas redes sociales.

Bibliografía

Monografías

→ ARCILA Calderón, C., BARREDO Ibáñez, D.: *Analítica y visualización de datos en Twitter*. Barcelona: UOC Editorial, 2018.

> En este libro se reúnen y analizan diferentes distintos tipos de contenidos que se pueden publicar en esta red social. Se trabajan distintas herramientas para el análisis de las distintas estrategias seguidas por los profesionales de la comunicación.

→ DÍAZ San Emeterio, E.: *Google Analytics y Google Metatags. IFCD88*. Antequera: IC Editorial, 2022.

> Libro centrado en la herramienta *Google Analytics* en el que aprenderás a configurar y entender los datos que se recopilan con la herramienta gratuita de *Google*.

→ GARCÍA Vela, D.: *Social Media Manager*. Madrid: Anaya Multimedia, 2013.

> Este libro es un magnífico manual para todo aquel que quiera dedicarse o desarrollar técnicas de *marketing* digital para su empresa.

→ PÉREZ Pérez, M.: *Twitter en la empresa*. Antequera: IC Editorial, 2015.

> Obra en la que se analiza el funcionamiento de la web 2.0 para aprovechar así todas las posibilidades dentro del departamento de *marketing* de una compañía. Se analizan los pasos básicos a seguir para la gestión de medios sociales en la empresa.

→ VELA Zancada, A.: *#El libro de Twitter*. Jaén: Alcalá Grupo Editorial, 2019.

> Este libro se estructura en tres partes, el ecosistema de las redes sociales, los elementos que componen esta red social y los usos que tiene esta red social a nivel personal, empresarial y profesional. Esta estructura te permitirá conocer a fondo esta red social lo que te permitirá manejar de forma óptima esta red social.

Textos electrónicos, bases de datos y programas informáticos

→ ¿Qué es la analítica web y qué mide?, de: <https://www.marketingandweb.es/web/que-es-la-analitica-web/>.

> Artículo centrado en explicar que es y cómo aprovechar al máximo la analítica web entendiendo y analizando los datos que se recopilan.

→ Descubre las campañas más virales de esta red social de todos los tiempos, de: <https://coobis.com/es/cooblog/campanas-virales-de-twitter/>.

> Artículo en el que se recogen las campañas más virales de X para que puedas analizarlas y comprobar si alguna estrategia viral puede ser incorporada a tu estrategia de *marketing*.

→ Guía completa para crear estrategias de *marketing* digital, de: <https://blog.hubspot.es/marketing/guia-completa-estrategia-marketing-digital>.

> Artículo en el que se recogen los contenidos mínimos que se deben tener en cuenta para desarrollar una estrategia de *marketing* digital.